Coordenação editorial
Silvana P. Cracasso e Dr. Marco Fabio Coghi

ENVELHESCÊNCIA ATIVA E FELIZ

© LITERARE BOOKS INTERNATIONAL LTDA, 2022.

Todos os direitos desta edição são reservados à Literare Books International Ltda.

PRESIDENTE
Mauricio Sita

VICE-PRESIDENTE
Alessandra Ksenhuck

DIRETORA EXECUTIVA
Julyana Rosa

DIRETORA DE PROJETOS
Gleide Santos

RELACIONAMENTO COM O CLIENTE
Claudia Pires

EDITOR
Enrico Giglio de Oliveira

ASSISTENTE EDITORIAL
Luis Gustavo da Silva Barboza

REVISÃO
Ivani Rezende

CAPA
Gabriel Uchima e Paulo Gallian

DESIGNER EDITORIAL
Lucas Yamauchi

IMPRESSÃO
Gráfica Paym

Dados Internacionais de Catalogação na Publicação (CIP)
(eDOC BRASIL, Belo Horizonte/MG)

E61	Envelhescência ativa e feliz: saiba como viver melhor e ampliar os benefícios da longevidade / Coordenadores Silvana P. Cracasso, Marco Fabio Coghi. – São Paulo, SP: Literare Books International, 2022. 176 p. : il. ; 15,8 x 23 cm Inclui bibliografia ISBN 978-65-5922-224-7 1. Idosos. 2. Envelhecimento – Aspectos psicológicos. 3.Longevidade. I. Cracasso, Silvana P. II. Coghi, Marco Fabio. <div align="right">CDD 155.67</div>

Elaborado por Maurício Amormino Júnior – CRB6/2422

LITERARE BOOKS INTERNATIONAL LTDA.

Rua Antônio Augusto Covello, 472
Vila Mariana — São Paulo, SP. CEP 01550-060
+55 11 2659-0968 | www.literarebooks.com.br
contato@literarebooks.com.br

SUMÁRIO

5   AGRADECIMENTO
Silvana Cracasso

7   PREFÁCIO
Silvana Cracasso

9   O ENVELHECER NA ATUALIDADE
Silvana Cracasso

19   ENVELHECIMENTO COERENTE
Marco Fabio Coghi

29   SONHOS NÃO ENVELHECEM
Ana Paula Barbosa Pereira

35   GRUPOS DE CONVIVÊNCIA E IDOSOS NO SÉCULO XXI
Bianca Andrade Paz de La Torre

43   A CÍCLICA RELAÇÃO SOCIAL ENTRE O JOVEM DE HOJE E O LONGEVO DE AMANHÃ
Bruna Satie Yamazaki

51   O USO DA TERAPIA COGNITIVO-COMPORTAMENTAL BASEADA EM *MINDFULNESS* PARA IDOSOS: UMA VISÃO SISTEMÁTICA
Catia Maria Dantas

61   UM POUCO SOBRE A MEMÓRIA
Christiane Renate Resch

69   É MELHOR SE VACINAR DO QUE REMEDIAR
Cláudia Quélhas

75   COSMETOLOGIA E ENVELHECIMENTO
Érika Fuscaldi Gomes

83   UM OLHAR SISTÊMICO PARA A VIDA E SEUS CICLOS
Estella Parisotto Lucas

91   A SAGA DO ENVELHECIMENTO HUMANO: UMA JORNADA HEROICA DA
HUMANIDADE ATÉ A ENVELHESCÊNCIA
Judith Borba e Sara Cristina Albuquerque M. L. Ribeiro

99   KIT SOBREVIVÊNCIA
Marisa Stabilito

109   ESCOLHAM A VIDA
Monique T. Carvalho

117   ENVELHECER COM POSITIVIDADE
Paola Almeida

125   TREINAMENTO FUNCIONAL PARA IDOSOS: A NOVA FONTE DA JUVENTUDE
Rafael Ferreira Alves

133   ATÉ QUANDO VOCÊ VAI ACEITAR VIVER NO PILOTO AUTOMÁTICO?
Raquel Rabelo Ferrarini

143   A MORTE COMO POSSIBILIDADE DE VIDA
Soraya Borges

151   EU NÃO ESTOU FICANDO VELHO, ESTOU ME TORNANDO PARIS!
Tércio Rocha

167   É POSSÍVEL VIVER COM SAÚDE, ALEGRIA E QUALIDADE DE VIDA NA VELHICE
(MELHOR IDADE)?
Teresa Cristina

AGRADECIMENTOS

Primeiramente expressamos nossa imensa gratidão aos editores pela sua disposição e desejo de estabelecer laços com pessoas que se interessam pela vida do idoso, indicando um compromisso com os valores humanos relacionados à educação em saúde da população idosa do nosso país.

Os organizadores agradecem a todos os demais autores colaboradores pelo pronto engajamento e atenção com a escrita deste livro, permitindo à população interessada uma profundidade e clareza de conteúdo que não seria possível sem a integração de diferentes áreas e diferentes saberes que se complementam.

Em especial agradecemos ao Sr. Mauricio Sita, por acreditar e valorizar a importante temática deste projeto não medindo esforços para fazê-lo acontecer.

Estendemos os agradecimentos a toda a equipe de apoio que se colocou como agente de comunicação entre os autores. Pela atenção prestada a detalhes e nuanças que otimizaram o trabalho de todos. Nossos sinceros agradecimentos a todos que trabalharam na edição deste livro.

PREFÁCIO

Parafraseando o Papa Francisco...

Queridos idosos e futuros idosos,
Não importa quantos anos vocês tenham. Na verdade, não se justifica qualquer idade para se aposentar da vida, da tarefa de espalhar a esperança e o amor, de transmitir as experiencias vividas.

Para tentar algo novo é preciso ter animo, esperança, coragem e, principalmente continuar a seguir adiante.

A longevidade capacita o idoso.

Devem estar se perguntando: Como? Se as minhas energias estão se esgotando e não acredito que possa ainda fazer muito mais.

Como posso começar a me comportar de maneira diferente?

Como pode um homem renascer da velhice?

Esteja onde estiver, como estiver, é possível!

Quando você abre seu coração ao amor percebe que não está só, porque só ama quem ama um outro.

Acreditem, vocês são essenciais para a sobrevivência de uma sociedade mais humana.

Entre os pilares que sustentam uma construção humana, a viga mestra, a memória, pertence às gerações longevas.

Os demais pilares sustentam sonhos vividos, crenças estabelecidas e esperança.

A aproximação com seu Deus que habita o seu coração, revitaliza o amor e reacende a luz que trará, inclusive aos mais frágeis, a força para empreender esforços em um novo caminho. São estradas construídas pelos sonhos vividos e os que estão por viver. São memórias que tecem histórias.

Falar com Deus torna as reflexões mais significativas e nos garante forças para enfrentar os desafios da vida.

Buscar uma condição positiva, corajosa e esperançosa é essencial para entender que, absolutamente todos, devemos ser parte ativa na reconstrução e apoio à sociedade.

O futuro da humanidade está na aliança harmoniosa entre jovens e idosos.

Quem, senão os jovens, podem herdar os sonhos, os projetos inacabados, o tesouro da experiência dos idosos e levá-los adiante?

Mas, para isso, é necessário continuar sempre. A longevidade precisa continuar sonhando os sonhos de justiça, de paz, de solidariedade.

É preciso que idosos testemunhem aos jovens a possibilidade real de saírem reconstruídos de experiências dolorosas e, assim, perpetuar a esperança...

Este discurso parafraseado mostra o entrelaçamento entre sonhos, memórias e realidade. Revela a importância e a responsabilidade social dos idosos em transmitirem suas memórias para que as novas gerações possam aprender o imensurável valor da liberdade e da paz. Recordar e repassar devem ser considerados missão do idoso para conservar a memória e mantê-la viva de geração para geração.

O depoimento persistente dos idosos pode proteger o mundo, ajudando de modo mais contundente do que a fadiga e o desalento de tantos.

Que cada um de nós, graças ao exemplo vivo das memórias, abra e expanda o próprio coração para que sejamos capazes de atuarmos a favor dessa causa embargada, o espaço de direito do velho na nossa sociedade.

Desejamos que façam bons frutos da leitura dos capítulos que tecem este livro e, principalmente, se ressignifiquem no seu real papel transformador da sociedade que se constrói.

Silvana Cracasso

1

O ENVELHECER NA ATUALIDADE

A busca pela longevidade e por um envelhecer com qualidade de vida tem sido foco de interesse para pesquisas desde o século XIX. O envelhecimento apresenta-se como um fator desafiador nos dias de hoje. Este livro traz uma atualização para a compreensão sobre o processo de envelhecer e reconhecimento de forças, pelo idoso, no contexto social ao qual pertence. Foram elaboradas várias temáticas para explicar que o envelhecimento não é um mal irremediável, um desfecho nebuloso de vida. Deve ser compreendido como mais uma fase no desenvolvimento humano, inclusive uma oportunidade de bem-estar e de felicidade. Diferentes temas foram compilados para compor a elaboração desta obra. Procurou-se abordar propostas de manutenção à saúde e bem-estar para população em processo de envelhecimento. É uma obra que deve interessar a todos os que convivem com o "envelhecente", desde o próprio idoso, a família e parentes, até os cuidadores e profissionais de diferentes áreas da saúde física e mental.

SILVANA CRACASSO

Silvana Cracasso

Contatos
Lates: https://bit.ly/3mdQTw6

Iniciou seu percurso acadêmico na área da educação. Cursou Graduação em Pedagogia pela Universidade São Marcos, UNIMARCO, Brasil. Migrou para Saúde na Educação cursando especialização em Psicopedagogia. Iniciou pesquisas na área de saúde mental nas escolas com o projeto CUCA LEGAL desenvolvido na Universidade Federal de São Paulo/UNIFESP. Nos anos de 2011/2012, especializou-se em neuropsicologia pelo Centro de Diagnóstico Neuropsicologico Ltda ME, CDN, Brasil. No período de 2012 a 2013 concluiu a especialização Dependência Química também pela Universidade Federal de São Paulo, UNIFESP, Brasil. Desde então desenvolve trabalhos na área de reabilitação cognitiva e emocional em adultos e idosos. Continuou suas pesquisas na interface Saúde e Educação. Hoje, mestre em Ciências da Saúde pela UNIFESP/SP, propõe práticas de atenção consciente para estimular foco e concentração além de dar voz às emoções das pessoas em processo de reabilitação cognitiva e emocional. Neste percurso, migrou da Pedagogia para a Andragogia dando continuidade aos estudos sobre desenvolvimento humano, da concepção ao envelhecimento. Em 2019 cursou Capacitação em Estimulação Cognitiva Intergeracional pelo Vigilantes da Memória. Ainda em 2019 concluiu formação em Cuidador de Idoso pelo Hospital Sírio Libanês. De 2020 a 2022 especializou-se em Saúde do Idoso pela UNIFESP, Santos. Ministra cursos e treinamentos em temáticas relacionadas a Educação e Desenvolvimento Humano. Co- fundadora do Instituto Quem Sou Eu? WHO AM I WELNESS INSTITUTE.

Ainda há o hoje
e o amanhã com novos sonhos:
a vida nunca envelhece
RITA DUSKIN

O envelhecimento populacional constitui uma das maiores conquistas do presente século. Poder chegar a uma idade avançada, já não é mais privilégio de poucas pessoas.

Nunca um número tão grande de pessoas viveu tanto.

A população está envelhecendo, o número de idosos se apresenta cada vez maior e, faz-se necessário repensar o lugar de pertencimento do longevo na nossa sociedade, dar um novo tom, um novo cenário para os personagens envelhecentes.

O envelhecimento é um processo gradual e contínuo que consiste na alteração natural de algumas funções corporais de pessoas adultas. Não há uma idade específica para o envelhecimento, mas especialistas afirmam que aos 65 anos de idade iniciamos a velhice.

O Instituto Brasileiro de Geografia e Estatística (IBGE, 2003), considera como idosas as pessoas com 60 anos ou mais, critério de idade estabelecido pela Organização Mundial da Saúde (OMS) para os países em desenvolvimento, enquanto os países desenvolvidos utilizam como parâmetro a idade de 65 anos.

A velhice não pode ser entendida como uma ruptura com a vida, mas deve ser entendida como uma continuação pós infância, adolescência, juventude e maturidade.

Todas estas fases apresentam mudanças físicas, hormonais e emocionais inclusive o envelhecimento, causa mudanças na vida geral.

Podemos compreender que o desenvolvimento do idoso ocorre em três níveis fundamentais: biológico, psicológico e social.

Em se tratando de envelhecimento humano, as mudanças acarretam perdas mas também ganhos: experiencia de vida, tomada de decisão mais assertiva, descanso da vida laboral formal, extensão de tempo para realização de novos projetos de vida, aposentadoria, viuvez, ninho vazio, assumir novos papéis como, ser avós e, às vezes, se tornar responsável por entes queridos vulneráveis, além de perceber, aceitar para melhor conviver com as novas características da pessoa que nos tornamos nesta etapa da vida.

A velhice se instala em toda as sociedades, o desafio está em inseri-la a seu lugar de direito. Garantir que seu espaço seja preservado e respeitado, comum a todos, sem que impostamente seja remanejada a lugares de pouca expressão e participação.

O estereótipo herdado pela velhice advém de uma sociedade onde o material se sobrepõe ao humano. O sistema capitalista rege como indispensável, a produção, a agilidade e a adaptação rápida à modernidade e sua tecnologia operante.

Os idosos, por questões biológicas, podem apresentar dificuldades de adaptação frente a velocidade com que as mudanças ocorrem, mas isso não significa incapacidade de realizar tarefas.

Para a pensadora Simone de Beauvoir, a velhice é um fato cultural e não apenas biológico. A sociedade fabrica a impotência da velhice.

Ao longo da história a velhice foi considerada um mal para o homem, uma condição aborrecível a qual os velhos foram obrigados a reconhecer em si mesmos.

Beauvoir expressa sua indignação: "Dentro de mim, está a Outra. A pessoa que sou vista de fora que é velha. A Outra sou eu".

Em contrapartida, a história nos mostra que a partir da Segunda Guerra Mundial, atores e atrizes com mais de 50 anos despontavam na sociedade, como atores de sucesso.

O que representou esta repentina aparição de velhos atuantes na sociedade?

Estes atores e atrizes representaram pessoas que cronologicamente envelheceram, mas que continuaram jovens física e psicologicamente. Continuaram ativos e ressignificando suas vidas.

E dentro deste novo cenário longevo, surge uma nova amostragem de velhos, aqueles que buscam sua autorrealização, bem-estar e qualidade de vida.

São homens e mulheres que desejam continuar desfrutando a vida.

Sob este novo (re)despertar para vida longeva, a velhice reaparece galgando novos horizontes que poderão ser cada vez mais sustentáveis se os idosos se reconhecerem, se acolherem e buscarem conquistar seu espaço junto à sociedade, familiares e seus pares.

A mudança de uma postura passiva para, ativamente, conquistar um espaço de pertencimento, passa a somar ao contexto social que imediatamente garante seu valor e reconhecimento.

O papel social do idoso no Brasil

O idoso no Brasil ainda apresenta uma equação que não fecha.

A longevidade impõe mudanças no status da pessoa considerada velha e, como consequência, no relacionamento desta pessoa com as demais pessoas de seu convívio, especialmente com gerações mais novas.

Muitas pessoas com 60 ou mais anos lutam para garantir seu espaço de respeito e dignidade.

Como já foi citado, somos fruto de uma sociedade que se estabeleceu valores sustentados na produtividade onde os mais velhos são vistos como pouco produtivos e muitas vezes recusados para uma participação ativa.

Na opinião da pensadora Simone de Beauvoir, para que a velhice não seja uma reprodução das gerações anteriores, valores e estruturas sociais devem ser transformados. Para esta pensadora, a solução consiste em o idoso prosseguir nas ocupações que dão sentido à sua vida.

O idoso, enquanto sujeito, tem papéis sociais e pode se constituir como um ator social capaz de lutar pelos seus direitos e mobilizar-se em favor de melhores condições de vida.

Quando o idoso se perceber como força para importantes e necessárias mudanças sociais, e que pode e deve lutar pelos seus direitos, o panorama social da velhice passa a traçar novos caminhos para transformação e mudança a seu favor.

Há de se considerar que os longevos possuem um extraordinário papel, por vezes negligenciado, em sua real importância. Eles, os velhos, são detentores de memórias. São repositórios vivos da história e das tradições, da cultura, de convicções, mitos e conhecimentos especializados.

Excluir-se da sociedade será como desmerecer o passado, alicerce seguro para construção do presente.

Envelhecer é assustador: Mito ou Realidade?

A velhice que se inicia depois dos 60 anos, não é necessariamente uma manifestação doentia em que ocorrem distúrbios de condutas, amnésias ou perda do controle de si mesmo.

Ao mesmo tempo que as doenças associadas ao envelhecimento se tornam mais presentes, mais pessoas idosas viverão com saúde por mais tempo.

Este novo cenário requer uma revolução na terceira idade.

Os idosos podem experienciar um envelhecer como sendo mais uma fase da vida se, houver maior flexibilidade das pessoas, empresas e Estado para prover mudanças no panorama global que envolve o idoso: moradia, transporte, participação social, trabalho, saúde e educação.

Como vimos, o atual cenário nos mostra que esta nova etapa da vida traz o aparecimento de alguns fatores "limitantes".

A velhice é vista social e culturalmente como limitante, traçada por um período improdutivo. Esta cultura de incapacidade instaurada compromete a situação social da velhice.

A saber, cada sociedade concede características diferentes de importância atribuída ao idoso.

Nas sociedades orientais, por exemplo, o respeito ao velho é infinitamente maior se comparada às ocidentais.

Pensar o processo de envelhecimento na realidade brasileira alerta para todas as crenças e estigmas que o idoso vem enfrentando.

A reflexão avança...

A partir do momento que os idosos ultrapassem os limites do estigma e do preconceito delimitam um novo espaço de pertencimento na sociedade.

Passam a ser compreendidos como pessoas capazes de produzir, desenvolver atividades e desempenhar novos papéis.

Se tornam assim, agentes ativos, não só fisicamente ou atuando como força de trabalho, mas também prestando participação nas questões sociais, econômicas, culturais, espirituais e civis.

Os idosos ativos representam uma das forças sociais mais importantes que despontam nesta década. Enquanto grupo são muito mais assustadores do que a própria velhice.

Ao se organizarem podem consolidarem-se como novos personagens no contexto social, conscientizando a sociedade sobre seu importante força transformadora da realidade na participação ativa tanto nas organizações como também nas escolhas e decisões nos aspectos políticos.

Somente pelo real desejo de se tornarem cada vez mais úteis e de viverem intensamente, o idoso reforçará a realidade que vem se delineando nas últimas décadas, a de idosos cada vez mais atuantes e participativos na sociedade como um todo.

Como garantir um envelhecimento saudável

Envelhecimento saudável é uma expressão bastante utilizada que pode ser interpretada de diversas maneiras.

Com o aumento da longevidade, idosos se tornaram um nicho de mercado relevante, e a preocupação com o envelhecimento saudável passou a fazer parte da vida de grande parte da população.

O envelhecimento saudável envolve diferentes aspectos, sejam sociais, econômicos, ou de saúde, como citado anteriormente.

Para começar a responder esta questão: como ter um envelhecimento saudável, aceitar o processo de envelhecimento é o primeiro passo.

Conhecimento e aceitação ativa mobilizam esforços para atitudes necessárias em busca de manter a autonomia, a capacidade funcional, ter controle sobre a vida, manter-se bem física e mentalmente e, assim, garantir melhor qualidade de vida.

Deve ser um processo dinâmico, e não passivo. Envolve transformações emocionais e afetivas para o desenvolvimento de uma visão mais madura, compensadora e saudável sobre si e sobre o mundo.

O envelhecimento saudável se concretiza em ambiente seguro e tranquilo.

A presença de fé entendida como crença positiva sobre a vida pode ajudar o idoso a enfrentar algumas situações adversas, amparando-o de forma emocional e motivacional, aumentando o senso de propósito e significado da vida.

Desenvolver a espiritualidade contribui para o bem-estar de todos inclusive do idoso. Estimula a melhor adaptação e aceitação de momentos difíceis, tornando os dias mais tranquilos e felizes.

Outro aspecto a ser considerado é o fato de segurança financeira e envelhecimento saudável estarem intimamente relacionados. É de extrema importância ter um planejamento financeiro.

Evitar doenças é imprescindível e, uma boa maneira para prevenir doenças é a realização periódica de exames. A prevenção é muito importante para impedir o desenvolvimento de doenças corriqueiras em idosos.

A indisposição envolve falta de ânimo, ausência de uma rotina, falta de convívio social, aumento de peso, prejudicam nas atividades cotidianas.

É preciso se preparar para ressignificar a vida ao chegar à terceira idade garantindo vontade de continuar com uma vida ativa e feliz.

É importante reforçar que o envelhecimento saudável envolve aspectos físicos, mentais e sociais, e vai ser impactado pelo estilo de vida que a pessoa tem. Quanto piores os hábitos, mais difícil é envelhecer com saúde.

Cientistas que estudam o processo de envelhecimento chegaram aos principais pontos que contribuem para o envelhecimento saudável:

Alimentação saudável: as pessoas mais velhas perdem nutrientes com mais facilidade, por isso é muito importante um cuidado maior com a alimentação, para prevenir o déficit de vitaminas e garantir o bem-estar.

Controle de peso: o excesso de peso pode reduzir a mobilidade, prejudicando um envelhecimento saudável, além de agravar quadros de doenças crônicas.

Atividade física: Exercícios fazem bem para o corpo e para a alma.

Os exercícios permitem que o corpo se ajuste às transformações pelas quais passa com o tempo nos anos de velhice. Evita a depressão, contribui para combater a obesidade, diabetes, colesterol e pressão alta, diminuindo o risco de doenças do coração e aumenta a expectativa de vida.

Exercitar a mente é muito importante: O cérebro assim como os músculos, se não exercitar, ele não se mantém ativo e saudável.

Sono: dormir bem é importantíssimo para uma vida saudável. Dormir pouco gera maior predisposição para engordar, desenvolver doenças cardíacas e aumentar o nível de estresse. Um boa noite de sono recarrega as forças para os desafios do cotidiano, tornando você mais disposto e motivado.

Higiene do corpo: é uma prática de autocuidado de saúde e deve ser um dever de todos nós. Os hábitos higiênicos estão entre os principais requisitos para uma vida saudável, permitindo uma sensação de bem-estar e conforto.

Convívio social: promove a saúde mental e possibilita ao idoso novas perspectivas para um envelhecimento saudável. Procure não se isolar. A solidão pode levar ao desânimo e a depressão;

Manter o bom humor: outro aspecto que ajuda no envelhecimento é manter o bom humor. É muito mais saudável manter-se alegre. A alegria traz motivação, ânimo e otimismo frente a vida

Socialização: Cultivar bons relacionamentos com amigos e familiares ajuda a manter a motivação e a alegria.

Espiritualidade: enquanto expansão da consciência mostrou-se de grande relevância para manutenção da saúde.

A Organização Mundial de Saúde (OMS) entende sua importância, e considera-a indispensável para definir o conceito de saúde integral, junto às dimensões corporais, psíquicas e sociais.

Saber envelhecer requer não só deparar com as questões envolvidas por conta da longevidade, mas também incluir no planejamento existencial como se deseja vivenciá-la.

Alcançar uma velhice satisfatória mesmo na presença de adversidades é um dos grandes desafios dos idosos brasileiros do século XXI.

Dedicatória,

Ato de dedicar.
Dedicação, consagração, afeto extremo.
Dedicatória traz no cerne história.
História, Memória e Glória – Feitos heroicos, extraordinárias qualidades, grandes obras, motivo de orgulho e exaltação.
"Meu pai, meu herói"
Sem Ela, ele não seria Ele.
Dedico este feito a vocês
Pai e Mãe (*in memorian*)

Referências

DIOCESE DE TAUBATÉ. *Mensagem do Papa Francisco para o Dia Mundial dos Avós e dos Idosos 2021.* Disponível em: <https://diocesedetaubate.org.br/mensagem-do-papa-francisco-para-o-dia-mundial-dos-avos-e-dos-idosos-2021/>. Acesso em: 17 maio de 2022.

MINISTÉRIO DA SAÚDE. Biblioteca Virtual em Saúde. *Envelhecimento saudável.* Disponível em: <https://bvsms.saude.gov.br/envelhecimento-saudavel/>. Acesso em: 17 maio de 2022.

OLIVEIRA, A. R. R. de. O envelhecimento, a doença de Alzheimer e as contribuições do Programa de Enriquecimento Instrumental (PEI). *Cuadernos de Neuropsicología*, v. 4, n. 1, p. 31-40, 2010. Disponível em: <http://pepsic.bvsalud.org/scielo.php?script=sci_arttext&pid=S0718-41232010000100003>. Acesso em: 19 maio de 2022.

SANTOS, S. S. C. *Concepções teórico-filosóficas sobre envelhecimento, velhice, idoso e enfermagem gerontogeriátrica.* Disponível em: <https://www.scielo.br/j/reben/a/9H43x4GWRnd8sJXHYpW6b8x/?lang=pt#:~:text=A%20velhice%20n%C3%A3o%20%C3%A9%20uma,sido%20vividas%20de%20diversas%20maneiras>. Acesso em: 08 jun. de 2022.

SCORTEGAGNA, P. A.; OLIVEIRA, F. da S. Idoso: um novo ator social. *Anais do IX Seminário de Pesquisa em Educação da Região Sul,* Caxias do Sul. Disponível em: <http://www.ucs.br/etc/conferencias/index.php/anpedsul/9anpedsul/paper/viewFile/1886/73>. Acesso em: 17 maio de 2022.

2

ENVELHECIMENTO COERENTE

Desde os tempos em que minha memória pôde retroagir, me lembro de minhas primeiras experiências em meu pequeno laboratório químico. Conhecer a natureza sempre foi um grande desafio e a força motriz da minha vida. Assim, com o passar dos anos, essa fascinação me conduziu aos mais intrincados cantos do conhecimento humano. Concluí meus estudos de Química na Universidade de São Paulo, onde completei a licenciatura e o bacharelado. Concluí diversos cursos de extensão em nível de pós-graduação no Instituto de Química. Fui pesquisador na área da Química em empresas nacionais e multinacionais e assumi diversos cargos corporativos chegando a diretor de pesquisas e desenvolvimento.

MARCO FABIO COGHI

Marco Fabio Coghi

Contato
mcoghi@gmail.com

Na complementação de minhas atividades empresariais, concluí pós-graduação MBA Executivo Internacional na FIA/FEA/USP e Gestão de Tecnologias Química na Universidade Federal do Rio de Janeiro. Tive a oportunidade de viajar para mais de 40 países, estudando, ensinando, aprendendo e passeando. Interessado pela natureza humana, me pós-graduei em Yoga na UNI-FNU. Estudei Medicina Tradicional Indiana (Ayurveda), tendo realizado estágios em hospital (Arsha Yoga Vidya Peetam Trust, AYVPT, Tamil Nadu) e clínicas (School of Ayurveda & Panchakarma, Kerala e Ayurvedic Clinic, Pune) da Índia. Desenvolvi-me em Hipnose Clínica - Tratamento Avançado com Hipnose e Regressão – ministrado pela Sociedade Brasileira de Hipnose e Hipniatria, SBHH, entre outros cursos de igual importância.

Ainda assim, não sentia que meus estudos sobre o ser humano estavam completos. Faltava conhecer o organismo humano de forma mais sistematizada e de acordo com nossa ciência ocidental. Foi quando optei por fazer o curso de Fisioterapia. Logo que me formei, concluí a pós-graduação nessa modalidade. Hoje atuo como professor convidado em diversos cursos de pós-graduação na área da saúde e educação em algumas universidades. A busca da espiritualidade foi um dos meus objetivos fundamentais desde os meus 21 anos de idade. Perpassei pela meditação (que ainda pratico) no Yoga; enfim, fui várias vezes para Índia, Nepal e China em busca do entendimento das filosofias. Visitei diversos Ashrans - centros de estudos e práticas espirituais. Me adaptei ao vegetarianismo. Aos 62 anos, tive uma experiência nada agradável. Fui parar na UTI por estresse e ansiedade, onde fiquei internado por dois dias. Foi quando comecei estudar um conceito muito interessante denominado coerência cardíaca: percebi que eu poderia me reequilibrar ao utilizar um tipo de "meditação" guiada pelo computador e, no Centro de Inovação da Universidade de São Paulo, desenvolvi o aparelho de Biofeedback cardioEmotion®, projetado para propiciar equilíbrio emocional e fisiológico. Essa aventura eu trago com mais detalhes em meu capítulo. Enfim, hoje, sou sócio-fundador da WHO AM I? Wellbeing Institute, com Silvana Cracasso, cujo objetivo é cuidar das pessoas de forma integral e humanizada, utilizando toda nossa experiência e conhecimento na forma de atendimento clínico e ensino.

Quando eu era criança, há muitos anos, deitado num confortável gramado na fazenda do meu tio no interior de São Paulo, eu me pegava observando as milhares de estrelas que surgiam na escuridão de noites gélidas. E aquilo me fascinava. Cada corpo cadente que riscava o céu eu entrava em verdadeiro delírio. Não conseguia entender a extensão do Universo, mas tinha o sentimento de que tudo era possível na vastidão do desconhecido. Ali eu ficava por horas a fio, sem me distrair. Impossível era contar quantos pontinhos reluzentes apareciam no firmamento, por mais que eu tentasse. O sereno. O ar puro. O cantar dos grilos, o coaxar das rãs. O chirriar da coruja.

Essas lembranças me fazem voltar àqueles momentos de magia e pura beleza. Mas hoje compreendo que toda magia e beleza do momento não estava somente no mundo externo, mas principalmente na mente de uma inocente criança.

Porém, aquela criança cresceu. Começou a ver a vida de outros ângulos. A responsabilidade começou a pesar em seus ombros. O pesado fardo de cumprir com as expectativas depositadas em seus ombros por pais, família e, acima de tudo, por ele mesmo.

De passo a passo, terminei meus estudos básicos. A possibilidade de frequentar uma universidade me fascinava, como aquela criança que chega num parque pela primeira vez. E eu consegui realizar esse sonho.

Após a faculdade, comecei a lutar pela sobrevivência, assim como todos o fazem, cada um à sua maneira. Cada um com seu louvor e dor.

Cresci profissionalmente, chegando a assumir diversos cargos de grande responsabilidade em empresas nacionais e internacionais. Viajei para muitos países de quatro continentes. Proferi várias palestras em Universidades e centros tecnológicos importantes. Ensinei e aprendi.

Assim a vida fluiu, como um caudaloso rio de infinitas possibilidades.

Num dado momento, já perto de minha aposentadoria, em uma viagem pelo sul do país, fui acometido de um desconforto, na madrugada de uma segunda-feira. Como profissional da saúde, fiz um rápido e superficial *checkup*, entendi que alguma coisa mais séria estava acontecendo comigo e fui buscar atendimento médico no hospital local.

Para minha surpresa, fiquei internado por dois dias na UTI pois estava havendo uma descompensação cardíaca séria, que requeria cuidados especiais. Eu não conseguia entender por que aquilo acontecia comigo. Fibrilação supraventricular com arritmia cardíaca. Causa provável: estresse e ansiedade. Como assim? Perguntei comigo mesmo. Eu levava uma vida regrada, alimentação natural e controlada, instrutor de Yoga, havia feito várias viagens para a Índia em busca dos ensinamentos dos grandes mestres.

As duas noites na UTI pareciam ser eternas. Sem estrelas, sem ar puro do campo, sem luar. No lugar do cantar dos gritos, havia gemidos de dor, cheiro de éter, lamentações. Em vez de ouvir sinfonia das rãs, ouvia o monitor cardíaco me estressando ainda mais. Meu mundo se reduziu do universo infinito para uma sala branca, limpa, mas compartilhada de sofrimento.

Certa feita comecei, então, a comparar aquela vida corrida e estressante de executivo com a da minha infância, com o coração puro, observando estrelas noite adentro. Onde eu havia errado, se fiz tudo certo? Balanceava minhas atividades profissionais com uma vida mais tranquila, dedicando tempo à música, prática de Yoga, meditação.

Estudando a fisiologia do estresse e da ansiedade, entendi que a sobrecarga, por vezes imperceptíveis, pois nós vamos lentamente nos acostumando com ela, deparei com a cascata de hormônios produzidos pela glândula adrenal, que produz, entre outros, o cortisol, hormônio do estresse. Embora o descontrole de saúde que eu estava passando, cardíaco, me deparei com a possibilidade de fazer exercícios controlados pelo computador para equilibrar meu sistema nervoso. Estava escrito no livro que eu levava comigo.

Não queria ir mais para a UTI. Não era justo. Não mais por motivos de saúde. Foi quando encontrei nas minhas pesquisas que existe um estado de equilíbrio interno que só depende de fazer alguns exercícios. Exercícios simples, porém muito precisos. Embora o Yoga preconize exercícios respiratórios, os chamados *Pranayama*, retenção da energia vital, esse que eu tomara contato, levava a pessoa a se estabelecer num estado conhecido como coerência cardíaca, ou seja, perfeito equilíbrio do nosso sistema nervoso, aquele que se regula de forma automática, tecnicamente conhecido como neurovegetativo.

Foi quando comecei a praticar esses exercícios monitorados pelo computador. E minha ansiedade e estresse passaram a estar totalmente controlados. E eu via a vida de forma diferente. E já se passaram mais de doze anos. Continuo praticamente com a mesma saúde daquela criança visionária.

Seria esse o segredo dos grandes sábios da antiguidade? Mas como eles poderiam saber disso? Prática diária de respiração diafragmática, lenta e ritmada. Seria só isso? Que coisa simples. Sim. É só isso. Mas precisa ser num ritmo muito preciso ou não funciona a contento. E esse ritmo é medido precisamente em hertz.

Entendi que respirar corretamente poderia ser a chave secreta da boa saúde.

Ao estudar mais sobre o assunto coerência cardíaca, identifiquei vários estudos feitos ao redor do globo sobre os benefícios para saúde, quando a respiração é realizada de forma correta, acrescentada de emoções positivas, imagética, foco e atenção concentrada. Os efeitos positivos vão desde o relacionamento entre o feto e a mamãe, benefícios para as crianças, adolescentes, adultos e até para o pessoal da "velha guarda". Fiquei encantado com seus benefícios para a saúde física, mental, emocional, cognitiva e social.

Com nossa socialização feita de forma estressante, algumas partes do cérebro aprendem a nos colocar em alerta, respondendo por vezes de forma inoportuna frente a fatores que achamos que possam nos afetar, ameaçar nossa sobrevivência, confrontar o risco de morte. E pode ser que essa "coisa" seja real ou imaginária, para nosso cérebro tanto faz. A resposta condicionada é a mesma.

No Brasil, há cerca de 40 milhões de idosos entre 64 a 75 anos e com taxa crescente. Isso torna-se um foco de muita atenção uma vez que nossa sociedade não está adaptada corretamente para acolhê-los. Na gerontologia, uma das maiores preocupações na saúde mental dos idosos é a depressão. Muitas vezes eles sofrem de depressão com sintomas que nem sempre atende os diagnósticos clínicos vigentes.

A partir da década de 1990, alguns aparelhos fazem análise em tempo real dos batimentos cardíacos e mostram como está reagindo nosso sistema nervoso automático – aquele que é responsável por controlar nosso coração, o sistema circulatório, a respiração, nossas glândulas e a imunidade – frente ao estresse do dia a dia. Nos Estados Unidos foi desenvolvido o emWave, da empresa HeartMath, USA, Cardiosignalizer CS-03 (Biosvyaz, St. Petersburg, Rússia) e, no Brasil, o cardioEmotion da NPT – Neuropsicotronics. O *biofeedback* cardíaco é uma forma de autorregulação baseada em aplicativos para avaliação da frequência cardíaca, de modo que os indivíduos aprendem a controlar respostas fisiológicas por meio do sinal dos batimentos cardíacos, sobre condições inconscientes.

Esses dispositivos, totalmente acessíveis, tornam possível monitorar como está reagindo nosso organismo mostrado por um biomarcador conhecido como variabilidade da frequência cardíaca. Quando esse biomarcador é alto, a pessoa goza de boa saúde propiciada pelo equilíbrio emocional e fisiológico. Mostra que nosso sistema nervoso é flexível, se adaptando de forma harmônica com as demandas ambientais. Porém, quando esse parâmetro é baixo, a pessoa pode estar com sérios problemas de saúde física, emocional e mental.

Nosso cotidiano é pautado pelo funcionamento do sistema nervoso neurovisceral (sistema nervoso autônomo) que regula de forma autônoma diversas funções, entre elas a respiratória, cardiovascular, endócrina, digestória e muitas outras relacionados ao sistema nervoso central.

Nossas reações emocionais se manifestam no corpo e tendem a ser moduladas pelo sistema neurovegetativo. Por isso, é necessário que o sistema nervoso autônomo seja flexível, adaptável ao ambiente que permeamos. É comum passarmos por situações desafiadoras em nosso cotidiano, porém devemos ter flexibilidade suficiente para que voltemos à condição de tranquilidade em seguida. É preciso termos resiliência, pois sempre haverá desafios pela frente.

Nosso sistema nervoso relacionado às emoções, o sistema límbico, se desenvolveu de forma a nos proteger de ataque de predadores em nossos primórdios com seres humanos. Frente a perigos reais ou imaginários, uma cascata de hormônios nos faz ficar em prontidão para luta ou fuga. Assim que o perigo se afasta, devemos voltar à normalidade, ao equilíbrio. Esse é o jogo do sistema nervoso que excita nossa reação de proteção, o ramo simpático do sistema nervoso neurovisceral. Em seguida, o outro ramo do mesmo sistema entra lentamente em ação para nos proporcionar calma, tranquilidade e relaxamento.

Recentemente, com o advento dos exames de imagens do cérebro em funcionamento, – PET Scan (tomografia de emissão de pósitrons) e rMRI (Ressonância Magnética funcional) – temos uma nova visão do funcionamento desse órgão, ainda que incompleta. Nessas bases, hoje temos um melhor entendimento de como nossa cognição está relacionada às emoções, ao sistema nervoso autônomo e como esse fluxo de informações que transita entre os neurônios pode modular nosso comportamento.

Andy Schumann e colegas, do Hospital Universitário de Jena, Alemanha, em 2021, publicaram um artigo científico na *revista Frontiers in Neuroscience* intitulado "A Influência do Biofeedback da Variabilidade da Frequência Cardíaca na Regulação Cardíaca e na Conectividade Funcional do Cérebro", no qual investigaram o efeito de treinamento com a tecnologia de *biofeedback* cardíaco por oito semanas, na conexão funcional de diversos centros neurais do cérebro, em indivíduos saudáveis. A conexão de diversos centros do cérebro aumentou de forma significativa em importantes centros nervosos, incluindo a amígdala cerebral – responsável pela nossa sobrevivência – após o treinamento de *biofeedback*. O treinamento com o *biofeedback* teve influência em uma ampla rede funcional de regiões cerebrais.

Variabilidade da frequência cardíaca medida em pessoas em repouso é um índice que avalia a regulação da frequência cardíaca, e é feita pelo sistema nervoso parassimpático, nominalmente nervo vago, décimo par de nervos cranianos. É considerado como sendo um marcador do traço individual relacionado à saúde mental e física.

D. Kumral e colaboradores, do Departamento de Neurologia, do Instituto Max Planck para Ciências Cognitivas Humanas e Ciências do Cérebro, Leipzig, Alemanha, avaliaram 388 indivíduos saudáveis em diversas faixas de idade em estado de repouso. Nesse estudo, focaram a estrutura da substância cinzenta em diversos centros cerebrais funcionais relacionados à variabilidade da frequência cardíaca de repouso e observaram que este parâmetro diminuiu com a idade.

Doriana Tinello, do Departamento de Psicologia, Faculdade de Psicologia e Ciências da Educação, Universidade de Genebra, Suíça, e colaboradores fizeram uma revisão sistemática de literatura que foi publicada no Journal of Cognitive Enhancement (2022) sobre os efeitos do treinamento com *biofeedback* da variabilidade da frequência cardíaca nas funções executivas ao longo da vida. O domínio que mais se beneficiou com a intervenção de *biofeedback* foi a atenção. O aumento das habilidades de atenção, inibição e memória de trabalho pode ser obtido pelo treino com *biofeedback* da variabilidade da frequência cardíaca. O estudo revelou, ainda, que a maioria dos pacientes ou indivíduos expostos ao estresse, atletas profissionais, veteranos de guerra, crianças e adultos com TDAH e pacientes clínicos idosos apresentaram melhoras.

Uma das complicações comuns das doenças cerebrovasculares é a depressão pós-derrame. Xin Li, do Departamento de Reabilitação Compreensiva, da Escola Médica de Reabilitação, do Centro de Pesquisas em Reabilitação da China, Beijing, e colaboradores estudaram o uso do *biofeedback* de variabilidade da frequência cardíaca para tratar pacientes com depressão. O estudo "Efeitos da terapia de *biofeedback* de variabilidade da frequência cardíaca em pacientes com depressão pós-AVC: um estudo de caso" foi publicado no Chinese Medical Journal, em 2015. Concluíram que o tratamento com *biofeedback* de variabilidade da frequência cardíaca apresentou-se como um tratamento adjuvante eficaz para pacientes com depressão pós-infarto, com melhoras significativas nos níveis de depressão e distúrbios do sono.

Um artigo publicado no Translational Psychiatry (2019), por Kelsey Laird e colaboradores do Departamento de Psiquiatria, Semel Instituto para Neurociência e Comportamento Humano na UCLA, Los Angeles, intitulado "Fatores psicobiológicos de resiliência e depressão no final da vida", descreve sobre a resiliência à depressão tardia. Depressão tardia é um transtorno mental mais comum entre os idosos. A depressão tardia pode apresentar características de alto risco e é decorrente de processos hormonais, genéticos, cardiovasculares, inflamatórios, neurais e metabólicos que interagem entre si, afetando o risco de aparecimento e o curso da doença. Segundo os autores, são várias as modalidades de intervenção que podem melhor a resiliência do idoso e serem usadas como prevenção e tratamento da depressão tardia. Nestas inclui as que envolvem a relação mente-corpo, como o *biofeedback* de variabilidade da frequência cardíaca.

Dylan J. Jester e colaboradores, do Departamento de Psicologia, Universidade de Wisconsin – La Crosse, La Crosse, WI, EUA, publicaram o artigo "O efeito do *biofeedback* da variabilidade da frequência cardíaca e suas implicações para efeitos cognitivos e psiquiátricos em idosos", no Aging & Mental Health, em 2019. Neste artigo, os autores avaliam o treinamento com *biofeedback* de variabilidade da frequência cardíaca como uma nova possibilidade para melhorar o funcionamento cognitivo de idosos, bem como para redução de sintomas psiquiátricos. Concluíram que esse treinamento pode ser benéfico para idosos, com foco na depressão, ansiedade e habilidades atencionais, bem como melhor qualidade do sono e gerenciamento do estresse.

Wan-Ling Chang, do Departamento de Enfermagem, Hospital da Universidade Católica Fu Jen, Cidade de Taipei, Taiwan, demostrou no artigo "Efeitos do *biofeedback* da variabilidade da frequência cardíaca em pacientes com derrame isquêmico agudo", publicado em 2019 na revista científica Biological Research for Nursing, que o funcionamento comprometido do sistema nervoso autônomo leva ao comprometimento de funções cognitivas e ao sofrimento psíquico e estão associados a piores prognósticos em pacientes com derrame isquêmico agudo. O treino com *biofeedback* de variabilidade da frequência cardíaca é uma intervenção que melhora o funcionamento do sistema nervoso autônomo, o comprometimento cognitivo e o sofrimento psíquico nesses pacientes.

Enfim, centenas de outros artigos científicos demonstram os efeitos positivos do treinamento com *biofeedback* de variabilidade cardíaca em idosos e em demais idades.

Hoje, muitos anos depois, afastado do estresse e da ansiedade, consigo reviver aqueles momentos de alegria da minha infância e ver novamente o céu noturno pontilhado de luzinhas brancas, deitado na grama, numa noite sem luar. O treinamento com *biofeedback* me trouxe de volta paz no coração. Posso novamente sentir o sereno. O ar puro. O cantar dos grilos, o coaxar das rãs. O chirriar da coruja.

3

SONHOS NÃO ENVELHECEM

Neste capítulo, pretendo instigar e inspirar mulheres maduras a repensar a envelhescência e seus sonhos, especialmente para resgatar e ressignificar os desejos que foram adiados ou simplesmente esquecidos ao longo da jornada. Podemos e devemos valorizar toda experiência e sabedoria adquirida para (re)criar novas oportunidades, pois a vida (re)começa em qualquer idade e o momento é agora. Porque os sonhos não envelhecem.

ANA PAULA BARBOSA PEREIRA

Ana Paula Barbosa Pereira

Contatos
www.itcinstituto.com.br
apconsultoria.saude@gmail.com
Instagram: @eu_gerontolescente
61 98115 4194

Advogada, palestrante, membro da Sociedade Brasileira de Geriatria e Gerontologia - Seção Distrito Federal (SBGG/DF), especializada em Saúde do Idoso e Gestão Assistencial Gerontológica, mestranda em Gerontologia Social Aplicada pela Universidade Católica Portuguesa, especializada em Gestão, com MBA Executivo em Saúde pela Fundação Getulio Vargas (FGV), membro do Colégio Brasileiro de Executivos da Saúde (CBEXs). Docente e consultora em Negócios de Saúde, com mais de 29 anos de atuação e sólida vivência profissional desempenhada em instituições em âmbito nacional. Sócia-fundadora e diretora do Instituto de Treinamento Continuado (ITC), que atua em qualificação e capacitação profissional, assessoria e consultoria em serviços de saúde e gestão. Estudiosa da longevidade, apaixonada pelo aprendizado permanente e empoderamento da mulher e dos idosos, acredita que precisamos ressignificar a velhice e transformar o lugar onde vivemos.

Um homem que não se alimenta de seus
sonhos envelhece cedo.
WILLIAM SHAKESPEARE

Velha? Eu? Nem em sonhos...

Só porque o tempo passou, e ele passa depressa, não podemos pensar que não temos mais desejos. Não é porque o frescor da idade se foi que vamos desistir de (re)viver nossos sonhos. Os anos que marcam nossa face nos ensinaram muito e espero que tenhamos aprendido com eles. Se nos entregarmos aos "limites" que a sociedade quer nos impor, certamente teremos dias menos felizes do que merecemos.

As pessoas mais longevas geralmente aprenderam com a caminhada e continuam mantendo uma vida com propósito. Não podemos permitir que achem que o nosso propósito tenha um fim, uma data de validade. Isso não faz sentido.

Na verdade, precisamos compreender que podemos e merecemos ter uma vida longa e feliz. E, finalmente, viver essa vida bem vivida.

Aprender não é somente estudar em uma universidade ou fazer um curso. Para mim, é mais do que isso: é se abrir para o novo, se conhecer, se reconectar, adquirir conhecimento, experienciar situações ainda não vividas, sabores diferentes e aromas diversos; isso é determinante para se sentir útil, viva, capaz, especial e única.

O mundo é volátil, ligeiro e precisamos ser flexíveis e adaptáveis. Sim, estar dispostos a aprender e empreender. Por que não? Nunca é tarde para (re)começar e fazer o que se gosta, ou (re)descobrir novos prazeres. Pode não ser fácil, é preciso atitude e coragem, mas isso a vida nos ensina, porque o caminho se faz caminhando e não existe um tempo certo; o tempo é agora. Comece já! É pra ontem!

Envelhecer pode ser libertador, pois nos sentimos (ou pelo menos deveríamos nos sentir) mais à vontade para falar sem tabus, expor nossas opiniões e pronto, goste quem gostar, simples assim. Valorizar-se é preciso.

Sonhar é ter uma vida com significado, com amizade, com lazer, com prazer, ouvir música, dançar, cantar, ler, amar e agradecer. Sim, ser grata!

Escute "o chamado" que vem do âmago, das entranhas; lá ainda podem estar seus sonhos não tentados, não vividos. Como cartas guardadas, tire-os para fora, revisite-os, mude-os, jogue-os fora se não fizerem mais sentido. Deixe outros sonhos nascerem ou resgate seus desejos; não desista deles, rascunhe, idealize e mantenha aceso seu propósito de vida, seus projetos e viva em plenitude e abundância.

Somos resistentes em abandonar as velhas crenças, teimamos em nos agarrar aos (pré)conceitos. Mas, ao mesmo tempo, nos vestimos de coragem rumo a ressignificar a bagagem surrada que carregamos para viver uma nova e surpreendente jornada. Estar abertos para novas experiências e perspectivas. É preciso desnudar-se de si mesmos e abrir-se para olhar e seguir em frente.

O passado que deve ser deixado para trás e, as lembranças, sejam boas ou não, servem para que percebamos o quanto somos fortes e sobrevivemos, choramos, sorrimos, caímos, levantamos e chegamos ao agora.

Enfim, nascer, crescer, "casar e ter filhos", estudar, trabalhar e se aposentar, isso tudo evoluiu. Não precisa ser nessa ordem, pode ser completamente diferente. A aposentadoria é o resultado de um tempo determinado de trabalho, nada mais que um direito, uma recompensa. Mas, com o aumento da expectativa de vida, se aposentar não significa não ter nada para fazer, perder a utilidade, ficar sentados numa cadeira de balanço esperando dia após dia o fim da vida. Existe vida depois da aposentadoria, e vida boa, acredite. Depende exclusivamente de nós. Envelhecer é um processo natural, mas sentir-se velho e ultrapassado é uma escolha pessoal. Podemos (re)escrever uma nova e linda história nos próximos anos que ainda viveremos.

Vejo à frente de nossa expectativa de vida centenária uma grande oportunidade para fazer melhor do que já fizemos e, consequentemente, sermos melhores do que fomos.

Cabe a nós, "gerontolescentes[1]", escolher como chegaremos lá.

---

1 **Gerontolescência** é uma palavra que define um novo jeito de envelhecer. Criada pelo especialista Alexandre Kalache, trata-se de uma mistura dos conceitos de envelhecimento e adolescência e se refere a um grupo de pessoas que está saindo da idade adulta, passando pelos 65 anos, mas que ainda não envelheceu de fato.

É possível e necessário criar hábitos novos, aprender coisas diferentes, manter o corpo e a mente ativos, promovendo bem-estar e equilíbrio.

Já pensou no que envolve ter 100 anos? Não? Se nos aposentarmos entre 50 e 60 anos, viveremos ainda outros 50, 40, 35 anos... Uau! Como queremos viver essa jornada? Pode ser o momento ideal e perfeito para realizarmos os sonhos que ficaram no passado com todo esse tempo que nos resta. E é bastante tempo mesmo; pode-se dizer que é "nova chance".

Que tal uma nova profissão, empreender, voltar a estudar, acordar o desejo de (re)aprender e (re)fazer, sentir-se completo, pleno, capaz e feliz?

Torna-se imperioso manter os vínculos com a família e com os amigos, mas também estabelecer novas conexões, ensinar o que sabe e aprender com os jovens, se relacionar com diferentes gerações e aproveitar toda a riqueza que existe na diversidade.

Quem está chegando, chegou ou já passou dos 60 anos, mas ignora as limitações da idade e investe em qualidade de vida, amor-próprio e autoestima, com certeza vive mais e melhor; faz planos, viagens, busca aprender e ensinar, gosta de dançar, de manter contato e interagir com os filhos, os netos e os amigos. Não se lamenta das marcas deixadas pelo tempo; em vez disso, aprende com elas e se fortalece. Aproveita todo conhecimento, sabedoria e tempo disponível para se (re)inventar e (re)criar.

A velhice não é um acontecimento nem se instala de repente: é um processo natural que se inicia ao nascermos. Não existe uma receita para envelhecer bem; cada um deve encontrar seu equilíbrio e manter a mente aberta, ter um propósito de vida e comprometer-se com ele.

Então, imagine agora quanto tempo ainda resta à sua frente. Como você deseja usar esse tempo?

Temos que ser protagonistas de nossa própria vida, nos empoderarmos, possuirmos capacidade permanente para aprender.

Não tenha medo de sonhar; nunca é tarde para (re)começar. Ter esperança não é esperar, mas sim esperançar com altivez e fazer acontecer.

Junte todo seu capital intelectual e social e renasça para um tempo novo todinho seu.

Por quê?

Porque sonhos não envelhecem.

Referências

CURTINDO A VIDA ADOIDADO. Gerontolescentes aproveitam o lado bom da velhice. *GZH Vida*, Porto Alegre, 01 de jun. 2013. Disponível em: <https://gauchazh.clicrbs.com.br/saude/vida/noticia/2013/06/gerontolescentes-aproveitam-o-lado-bom-da-velhice-4155991.html>. Acesso em: 26 ago. de 2021.

TRIBONI, S. Os impactos da longevidade ativa: entrevista com Ana João Sepulveda. *Blog Maturi*. São Paulo, 22 de jul. 2021. Disponível em: <https://www.maturi.com.br/economia/os-impactos-da-longevidade-ativa-entrevista--com-ana-joao-sepulveda/>. Acesso em: 24 ago. de 2021.

4

GRUPOS DE CONVIVÊNCIA E IDOSOS NO SÉCULO XXI

O envelhecimento populacional é uma realidade nova e global. Mas, afinal, o que quer o idoso do século XXI? Em que esse público difere da população em geral? Será que seus desejos, hoje, são os mesmos de seus pais quando atingiram essa etapa de vida? Neste capítulo, discutiremos como os grupos de convivência auxiliaram na construção e consolidação da identidade dos longevos atuais.

BIANCA ANDRADE PAZ DE LA TORRE

Bianca Andrade Paz de la Torre

Contatos
biancapaztorre@yahoo.com.br
Instagram: @psi.biancapaztorre
24 98818 1993

Psicóloga clínica formada pelo UNI-IBMR, (2008), pós-graduada em Gerontologia e Saúde Mental pela Universidade Cândido Mendes (2017), mestre em Ciências Aplicadas à Saúde pela Universidade de Vassouras (2021). Coordenou trabalhos em grupos com idosos, de 2008 até 2021, nas prefeituras de Valença - RJ (2008-2012) e Vassouras -Rj (2013-2021) . Destaque para: Projeto memória viva: uma valorização da transmissão da história oral no município de Vassouras, apresentado no Congresso GeriatRio, em 2017. Criadora de conteúdo sobre autoconhecimento e temas em psicologia no Instagram.

Muitos dos idosos do século XXI pertencem a uma geração que realizou uma revolução comportamental no século passado, nos anos 60 e 70. Uma geração que rompeu com preconceitos com relação ao amor, sexo e trabalho (GOLDENBERG, 2021). Mas o que esperar desses "novos velhos"? Antes deles existiam lutas por uma velhice melhor? O que difere o idoso do século XXI do idoso do século XX?

Pelo fato de o envelhecimento populacional ser uma realidade nova e global, diversos estudos vêm sendo feitos com o intuito de entender esse fenômeno. Tais estudos procedem das mais diversas áreas, como medicina, psicologia, sociologia e antropologia.

O homem, como um ser cultural e histórico, apresenta representações psicossociais de si, que mudam de acordo com o momento e a realidade social em que vive. Assim, vamos discutir, neste capítulo, como os idosos construíram sua identidade atual e como os grupos de convivência contribuíram para a consolidação da terceira idade como uma etapa de vida a ser considerada uma conquista social.

Podemos considerar que o envelhecimento de uma população ocorre quando há redução do número de crianças e jovens em concomitância a um aumento na proporção de pessoas com 60 anos ou mais.

Segundo Camarano, citado por Queiroz (2010), a população de idosos no mundo em 1950 era de 204 milhões, passando para 579 milhões em 1998, e as projeções indicam que, em 2050, a população idosa alcançará o número de 1,9 bilhão de pessoas em todo o mundo.

Esse crescimento populacional vertiginoso pode ser explicado por algumas mudanças sociais, como **aumento da expectativa de vida ao nascer e queda nas taxas de natalidade.**

Os avanços científicos, principalmente os das ciências médicas, proporcionaram o aumento da expectativa de vida atual. Para Veras e Caldas (2004), esses avanços permitirão a um número cada vez maior de pessoas atingir a marca de 110 a 120 anos ainda no presente século.

A queda nas taxas de natalidade, outro marco do fenômeno do envelhecimento global, é significativa no Brasil. Em 2009, a taxa de fecundidade estimada era de 1,94 filho por brasileira, valor considerado abaixo da reposição, que é 2,1 filhos por mulher, ao passo que, em 1970, essa taxa era de 5,76 filhos por brasileira. Projeções indicam que, a partir de 2039, o Brasil alcance o "crescimento zero". Em 2050, segundo dados do Instituto Brasileiro de Geografia e Estatística (IBGE) de 2008, poderá haver um crescimento de -0,291% da população no Brasil (BRASIL, 2012).

No entanto, como salienta Veras (1995), apesar de o envelhecimento populacional ser uma aspiração de qualquer sociedade, esse fato, por si só, não garante melhor qualidade de vida daqueles que já envelheceram ou que estão no processo de envelhescência, visto que outras tarefas seriam necessárias para a consolidação dessa conquista social.

Dentro dessa perspectiva de envelhecimento percebido como uma conquista, temos, segundo Peixoto, citado por Fabetti (2004), a partir dos anos 60 do século XX, as primeiras mudanças nas políticas sociais para a velhice. Estas teriam ocorrido em diversos países por meio das elevações das aposentadorias e pensões, fato que trouxe um aumento no prestígio dos aposentados e pensionistas. Com maior poder de compra, os idosos, assim como as questões ligadas ao envelhecimento, passaram a ser vistos pela sociedade capitalista como um mercado no qual investir.

Outro marco importante para as questões ligadas ao envelhecimento teria sido a criação do termo *terceira idade,* na França, em 1962. Silva (2008) afirma que o surgimento da categoria 'terceira idade' foi considerado uma das maiores transformações pela qual passou a história da velhice, pois a criação do termo levou a uma profunda inversão dos valores atribuídos ao envelhecimento, que passou a ser percebido como um período da vida que pode ser experienciado de modo ativo e independente.

Assim, o envelhecimento deixou de significar uma fase de decadência física, invalidez e solidão e passou a ser considerado um momento de busca por lazer e realização pessoal, possibilitando a criação de novos hábitos, *hobbies* e de laços afetivos para os longevos.

No Brasil, uma das primeiras iniciativas que passaram a considerar os idosos como pessoas ativas e com direitos teria sido a criação dos grupos de terceira idade pelo Serviço Social do Comércio (SESC), em São Paulo, na década de 1970.

Ao longo dos anos, essa metodologia de trabalho em grupos se difundiu por todo o país (DALMOLIN *et al.*, 2011).

Segundo Veras e Caldas (2004), contudo, foi somente a partir do final da década de 80 que se intensificou o movimento de valorização do idoso no país. Dentre os diversos fatores que auxiliaram nesse processo, temos o surgimento da Universidade Aberta da Terceira Idade (UNATI), vinculada à Universidade Estadual do Rio de Janeiro (UERJ). Os grupos de terceira idade criados pela UNATI e iniciativas afins não só estimularam o convívio entre os idosos, mas também se tornaram uma referência para pesquisas no âmbito da gerontologia.

Mas como o aumento da convivência de idosos em grupos pôde estimular um 'novo modo de envelhecer'?

Grupos de idosos e a construção de novas identidades

O ser humano é social por natureza; contudo o que se viu durante muitos anos foi a exclusão do idoso de seu desejo legítimo de socializar.

Indícios dessa exclusão são vistos o tempo todo em nossa sociedade, como na origem da palavra "aposentadoria" em diversos idiomas. No Brasil, a palavra "aposentadoria" apresenta um grau de desvalorização do idoso, pois em sua etiologia significa "volta aos aposentos".

Em inglês, temos o vocábulo *retirement*; em alemão, *ruhestand* e, em francês, *retraite*, todos significando "retirada". Pode-se especular, então, até que ponto essa retirada, ou essa volta aos aposentos, seria apenas relativa ao universo do trabalho ou também estendida a funções sociais mais amplas exercidas por essa parcela da população (SOARES; COSTA, 2011).

Assim, os grupos de convivência se tornaram espaços importantes, tanto para a pessoa idosa quanto para a comunidade em geral, pois propiciaram uma mudança de paradigma diante da perspectiva de "ser idoso". Os longevos puderam, então, sair de seus "aposentos", de suas casas e passaram a ocupar espaços públicos aos quais os idosos têm direitos.

Podemos definir um grupo como sendo a reunião de duas ou mais pessoas, que apresentam um objetivo comum e se reconhecem interligadas por tal. É a partir desse reconhecimento que se cria a identidade grupal (AFONSO *et al.*, 2015).

Grupos de convivência entre idosos são estratégias de trabalho amplamente utilizadas e potentes. De acordo com a literatura vigente e com minha própria prática profissional, pude observar que participar de grupos de convivência permite diversos ganhos sociais e emocionais aos mais velhos. Listemos alguns deles:

- momentos de lazer;
- acesso à informação;
- redução de preconceitos;
- transmissão da história oral;
- desenvolvimento de criatividade;
- trocas afetivas e de experiências;
- aprendizagem de novas habilidades;
- criação de novos propósitos de vida;
- formação de novos laços de amizade;
- consolidação do papel de cidadão de direitos;
- construção de autoimagem positiva do que é "ser idoso";
- adaptações às mudanças biopsicossociais que ocorrem com o envelhecimento.

No decorrer do distanciamento social, imposto pela pandemia da Covid-19 em 2020, tive a oportunidade de conduzir atividades remotas em grupos de idosos. Nesse trabalho, observei que parte dos ganhos de um grupo de convivência presencial se manteve, principalmente a capacidade de desenvolver novas habilidades, como o uso das redes sociais como ferramenta de interação.

Conclusão

Segundo o exposto neste capítulo, observamos o quanto as mudanças sociais ocorridas nos últimos anos auxiliaram no processo de construção da identidade do idoso do século XXI.

Por meio dessas transformações, vimos os "velhos" sairem de seus aposentos, aos quais eram relegados após a aposentadoria, e passarem a lutar por um espaço social ativo e produtivo.

Destaca-se, também, o papel dos grupos de convivência como uma estratégia legítima para assegurar a essa população uma identidade própria, pois ter um grupo de referência, no qual se possa compartilhar alegrias, tristezas e conhecimentos, proporciona ao idoso um suporte emocional e uma motivação para a criação de novos projetos de vida.

Os idosos do século XXI diferem muito de seus pais quando esses se tornaram "velhos", pois os longevos atuais já se reconhecem como cidadãos de direitos e contam com algumas políticas públicas pensadas exclusivamente para eles, o que empodera a categoria.

Embora ainda haja muito a ser alcançado, a terceira idade de hoje já é capaz de se perceber como uma classe ativa, que contribui diretamente para a sociedade, seja econômica, seja cultural (por meio da passagem de seus conhecimentos) e/ou emocionalmente (servindo de referência e suporte aos seus descendentes).

Referências

AFONSO, M. L. M. *et al. Oficinas em dinâmica de grupo na área da saúde*. São Paulo: Casa do Psicólogo, 2015.

BRASIL. Ministério do Desenvolvimento Social e Combate à Fome. Secretaria de Assistência Social. Departamento de Proteção Social Básica. *Serviço de Convivência e Fortalecimento de Vínculos para Pessoas Idosas – Orientações técnicas*. Brasília: MDS, dez. 2012. pp. 9-34.

DALMOLIN, I. S. *et al. A* importância dos grupos de convivência como instrumento para a inserção social de idosos. *Revista Contexto & Saúde*. v. 10, n. 20. pp. 595-598, jan./jun. 2011.

FABIETTI, D. M. C. F. *Arteterapia e envelhecimento*. São Paulo: Casa do Psicólogo. 2004 (Coleção Arteterapia).

GOLDENBERG, M. *A invenção de uma bela velhice: projetos de vida e a busca da felicidade*. Rio de Janeiro: Record, 2021.

SILVA, L. R. F. *Da velhice à terceira idade: o percurso histórico das identidades atreladas ao processo de envelhecimento*. História, Ciências, Saúde – Manguinhos. Rio de Janeiro, v.15, n.1, pp.155-168, 2008.

SOARES, D. H. P.; COSTA, A. B. *Aposent-Ação: aposentadoria para a ação*. São Paulo: Vetor, 2011.

VERAS, R. (org.). *Terceira idade: um envelhecimento digno para o cidadão do futuro*. Rio de Janeiro: UnATI, 1995.

VERAS, R.; CALDAS, C. P. *Promovendo a saúde e a cidadania do idoso: o movimento das universidades da terceira idade*. 2004. Disponível em: <http://www.scielo.br/pdf/csc/v9n2/20396.pdf>. Acesso em: 02 fev. de 2017.

5

A CÍCLICA RELAÇÃO SOCIAL ENTRE O JOVEM DE HOJE E O LONGEVO DE AMANHÃ

O que realmente vale a pena: viver cada minuto da vida ou ficar inerte? Você já imaginou a sua maturidade? Será que somos iguais às árvores? Pense e reflita com este capítulo.

BRUNA SATIE YAMAZAKI

Bruna Satie Yamazaki

Contatos
Instagram: @brunasatieyamazaki
@paraserfelizsemlimites_voa

Sou atleta de bocha paralímpica. Formada em Direito. Única filha com paralisia cerebral. E, agora, recém--formada *master coach* em Desenvolvimento Humano pela E. Humanas.

A vida é cheia de obviedades, dúvidas e contrariedades, de modo que ninguém tem o poder de escolher como será a sua aparência, o seu corpo ou a sua mente.

O pacote vem pronto para ser usado e, nesse sentido, cada ser humano é a soma das qualidades e das imperfeições naturais que podem ser lapidadas todos os dias, desde que se tenha vontade, determinação, coragem e atitude.

Se faltar vontade, a pessoa passa a viver do jeito que dá. Se faltar determinação, fica inventando pretexto para nada mudar. Se faltar coragem, o medo deixa o ser humano paradinho nas sombras da própria indecisão e, se faltar atitude, será uma daquelas pessoas que vivem prometendo mudar a partir de segunda-feira, a partir de janeiro, a partir, a partir...

Como se pode ver, se faltar uma só dessas importantes ferramentas, a gente estaciona no meio do caminho e, em vez de viver, começa a sobreviver, apagando incêndio, resolvendo urgências, resolvendo problemas e ser feliz que é bom, nada!

É comum que, diante da falta de vontade, determinação, coragem ou atitude, a pessoa dê tropeços em áreas específicas: a carreira ganha um salto, mas os estudos ficam de lado. A vida financeira melhora, mas não consegue eliminar as dívidas. Os sonhos voltam a circular pela mente, mas não saem do papel ou da ilusão.

Dentre as tantas verdades e certezas da vida, proponho que pense em uma delas. Com o passar do tempo, todo ser há de envelhecer e existem duas maneiras de acontecer: encontrar a longevidade feliz ou simplesmente envelhecer.

A História registra que, desde os tempos mais remotos, os que tinham mais idade e experiência eram chamados de sábios. Sendo assim, os jovens precisavam escutá-los sobre qual profissão ou dom divino seriam mais adequados para o seu talento natural.

Se mergulharmos um pouquinho mais no oceano dos tempos idos, veremos que na Idade Média o poder de conhecimento ficava sob a responsabilidade dos sacerdotes e somente quem pertencia a esse seleto grupo sabia ler, escrever e ter acesso à biblioteca. Aliás, indico a você aguçar a curiosidade assistindo ao filme *O nome da rosa,* cujo enredo retrata as diferenças de visão entre franciscanos e dominicanos.

Voltando à reflexão, a vida é uma roda-gigante. A única certeza é que sempre aprimoramos (ou deveríamos aprimorar) as nossas fortalezas entre ser quem merecemos ser ou ter o que desejamos ter, um dos maiores dilemas existenciais de todos os tempos, seja qual for a classe social, origem ou estilo escolhido para viver.

Quando decide ser, a pessoa vê a vida fluir e a velhice chega como uma bênção. Aos poucos, a felicidade se constrói e o que se desejou ter vai se conquistando de forma natural.

Quando decide ter, a vida se torna uma correria sem rumo, a velhice pode representar um tormento e os sonhos são sufocados, pois tanta energia é dedicada a ter que não sobra espaço àqueles quatro "companheiros" do início do texto: vontade, determinação, coragem e atitude.

Será que em sua trajetória vale mais a pena a vontade de viver com atitudes mentais positivas e ser quem você deseja ser? Ou será que vale investir cada gota de suor e esforço para ter algo raso que talvez nem faça você feliz?

Isso explica por que muita gente passa a vida tentando enriquecer e, quando enriquece, se deprime.

Mas como posso falar sobre a melhor idade da vida se, enquanto escrevo o texto que está diante de seus olhos, tenho apenas 30 anos?

Eu respondo: primeiro, penso que o que vale são as experiências que nos movimentam, por meio das quais desenvolvemos nossos sentimentos, valores e visão de futuro. Portanto, ter 30, 60 ou 90 anos é só uma questão biológica que não tem nada a ver com amadurecimento.

O ponto crucial é que podemos alcançar a melhor idade de modo positivo, com o olhar de quem sente gratidão por estar vivo, em vez do olhar e da postura de queixa que tantos acabam adotando, como se o milagre de estar vivo e saudável fosse um fardo a ser carregado.

A minha dica é que adapte atividades diárias, quem sabe atrelando-as a um divertimento que possa até gerar certa rotina saudável. Eis alguns exemplos: dançar ajuda a equilibrar o corpo. Eu, só para exemplificar, danço em minha mente, pois embora a paralisia cerebral tenha limitado os movimentos do meu corpo, não me define nem me resume. Por essência, desejo e tenho atitude mental, posso ir aonde quiser e dançar o quanto desejar. Inclusive, sou atleta de bocha adaptada, formada em Direito e *master coach,* o que me leva a perguntar: se você tem todos os movimentos do corpo e da mente, está parado(a) por que mesmo?

Entre em movimento, pratique esportes leves ou, se puder e preferir, vá para os esportes mais radicais, porém movimente-se.

Se Deus concedeu a você braços e pernas saudáveis, com toda certeza não foi para que ficasse parado, reclamando da vida, se queixando que está ficando velho, limitado, isso ou aquilo.

Em outra análise, se existe alguma limitação para a prática de exercícios físicos, exercite a mente, que também não pode ficar ociosa. Faça jogos de memória, pratique dominó, xadrez, *gateball*. Borde, costure, plante, tenha um *hobby*, faça qualquer coisa, mas faça. Sem pretexto, sem deixar para segunda-feira, sem alegar que não pode, não quer ou não precisa. Sabe por quê? Os argumentos não se sustentam e posso provar:

- não pode: duvido que alguém proíba;
- não quer: duvido que de fato prefira o ócio do corpo e da mente que só faz a pessoa envelhecer e adoecer;
- não precisa: somos quase oito bilhões de pessoas no planeta e não existe um só ser que não precise movimentar a mente (obrigatório para evitar doenças degenerativas) e o corpo (opcional para evitar doenças oportunistas).

Assim compreendido, vamos falar do sorriso. O valor do sorriso. Ah, o valor do sorriso...

Já reparou que os mais experientes que são verdadeiramente felizes têm o sorriso mais franco e genuíno do mundo?

É fácil de explicar: eles "chegaram lá" deixando um baita legado para nós, que, como dizia Elis Regina, "somos jovens". Esse recado, se fosse formalizado, seria o seguinte: entre ter e ser, opte por ser e você conquistará o que deseja ter. Mas não escolha apenas ter, ou a amargura e as frustrações impedirão o seu sorriso.

Eu sempre ficava me perguntando quanto vale um sorriso desses e que motivos os mais experientes teriam para dar ou receber esse sorriso puro de felicidade. Quanto mais penso a respeito, maior se torna a certeza de que essa relação entre ser e ter provavelmente é o maior legado dos mais experientes, esses sábios pais e avós que existem na minha, na sua e na família de cada ser humano (às vezes, a sabedoria desses preciosos experientes é ignorada; não permita que isso aconteça em sua família).

Identifiquei ainda em meus humildes 30 anos que o mais importante é para quem damos um sorriso verdadeiro, pois o impacto gerado sob o ponto de vista da energia muda tudo.

Em outras palavras, quer fazer o dia de alguém que você ama mais feliz? Ofereça o sorriso dos experientes, aquele que reflete sinceridade e felicidade genuínas.

Mantenha ainda a sua energia em equilíbrio e olhe para a energia que circula em sua vida com atenção, em vez de viver como se a existência fosse marcada apenas por um ângulo reto. A felicidade é a rainha das linhas sinuosas e circula pela sua vida sob a forma de energia, algo que os orientais sabem desde crianças.

Quer saber qual é o maior segredo a respeito dessa questão? Fortaleça o intelectual e o físico sem abrir mão da mente e da energia, pois você não é feito só de carne e ossos. Pelo contrário, somos todos seres de muita energia.

Sempre estaremos saudáveis quando nossa estrutura cervical estiver preservada, pois a capacidade motora se realiza com pequenas atividades diárias que podem fortalecer os membros superiores e inferiores, para que os movimentos fiquem mais fáceis e sejamos mais ágeis. E olha que sobre isso eu falo com muita experiência, pois a vida inteira lutei para melhorar minhas condições.

Percebe que envelhecer de forma saudável é também uma questão de escolha?

Agora, então, vamos falar de justiça?

O ser humano, por sua natureza pensante, criou leis para a organização da vida em sociedade, mas por que ainda observamos idosos sendo maltratados, vítimas de abandono ou preconceito?

Será que podemos dormir tranquilamente sabendo que aprendemos a dividir o átomo e chegar à Lua, mas às vezes somos incapazes de cuidar dos mais experientes?

Muitas vezes, o que a pessoa pratica tem por base sua origem, aquilo que observou e viveu na instituição familiar, que representa o espelho dos costumes, tradições e crenças que influenciarão as atitudes dos mais jovens, criando hábitos positivos ou negativos que podem transformar a vida em sociedade. Logo, outra pergunta surge: já que podemos fortalecer a família e os laços, que tal transformar a instituição familiar numa inspiradora fonte de aprendizado para os jovens em formação que estão olhando e aprendendo com os nossos comportamentos?

O único beneficiário desse positivismo familiar é você, sou eu, enfim, somos nós que um dia estaremos mais velhos e seremos (bem ou mal) tratados pelos familiares que estamos formando. Ou seja, é tudo cíclico. Você dá hoje o seu melhor e o recebe amanhã sob a forma de amor, respeito e consideração.

Afinal, o que deixar de legado para mundo, para o planeta Terra?

Se pensarmos como cidadãos, filhos, netos, pais e principalmente seres humanos, temos um longo trabalho pela frente e estamos indo bem, mas temos muito a melhorar.

48 | Envelhescência ativa e feliz

Uma prova disso é a expectativa de vida, que aumentou consideravelmente do século XX para o XXI. Se aprendermos a cuidar ainda melhor dos que já são ou que amanhã estarão mais experientes, construiremos um mundo melhor e mais justo.

Talvez uma pergunta ajude você a refletir com mais seriedade sobre a questão: qual é a sua missão na vida? Já pensou no seu envelhecimento ativo e feliz?

Tenho uma notícia boa para você: o resultado depende somente da sua escolha e das suas respectivas atitudes.

Os maiores exemplos de longevidade saudável que tenho são os meus avós, que sempre tiveram uma vida ativa no esporte *gateball*. Minha avó Fumiko Muraoka praticou *gateball* até os 86 anos e meu avô Mamouru Muraoka jogou até os 88 anos. Quando pararam, ambos sentiram falta dos amigos, mas sempre que se lembram das competições ao longo da vida, sentem-se energeticamente mais fortes e felizes.

Apesar da pandemia da Covid-19, que afetou todos os continentes, Fumiko e Mamouru continuaram bem ativos. Ele continuou suas atividades físicas correndo levemente na esteira cinco quilômetros por dia, no seu ritmo. Já a minha avó encontrou no cultivo das plantas o equilíbrio necessário para viver bem.

Independentemente do que o mais experiente goste de fazer, esteja sempre por perto, faça parte do dia a dia dele e, mesmo que seja apenas por videochamada, mantenha contato, porque a presença é primordial para o bem-estar mental; por outro lado, nada envelhece ou adoece mais do que o abandono.

Lembre-se de que você será o mais experiente de amanhã e, nesta vida cheia de idas e vindas, é comum receber na mesma proporção aquilo que conseguiu dar quando foi a sua vez.

Embora tenha apenas 30 anos, eu estou pronta para conquistar uma longevidade saudável ao mesmo tempo que procurarei dar o máximo de amor aos que estão próximos ou já alcançaram aquela que é considerada uma das melhores fases da vida. E você, pode dizer que está pronto(a)?

De coração, eu espero que sim!

Deixo um pensamento e espero que faça eco em seu coração: cuide bem de quem cuidou de você quando era apenas uma criança. Amanhã você receberá os cuidados da criança que está crescendo agora, enquanto observa a maneira que você cuida dos avozinhos, pois tudo aquilo que essa criança ver será aprendido.

6

O USO DA TERAPIA COGNITIVO--COMPORTAMENTAL BASEADA EM *MINDFULNESS* PARA IDOSOS

UMA VISÃO SISTEMÁTICA

A terapia cognitiva baseada em *mindfulness* é uma técnica terapêutica que tem a premissa da mudança de crenças e pensamentos disfuncionais diante do envelhecimento. Os artigos pesquisados sugerem bons resultados diante dos objetivos da terapia cognitiva baseada em *mindfulness* como prevenção de pensamentos disfuncionais diante do envelhecimento. Sendo assim, a terapia cognitiva baseada em *mindfulness* (MBCT) se apresenta como uma alternativa na mudança do padrão de pensar, sentir e agir, possibilitando a diminuição da reatividade dos acontecimentos experienciados, bem como a melhoria na qualidade de vida, no humor e no relacionamento interpessoal do idoso.

CATIA MARIA DANTAS

Catia Maria Dantas

Contatos
Email catiamariadantas9@gmail.com
11 95094 7453
11 97376 9426

Psicóloga clínica com especialização em Saúde Mental. Mestranda em Psicogerontologia pelas Faculdades Educatie.

A transição demográfica estabelece-se em diferentes estágios ao redor do mundo. O que proporciona a transição epidemiológica é o processo do declínio da fecundidade e o aumento da expectativa de vida, o que resulta no principal fenômeno demográfico do século XX, conhecido como envelhecimento populacional (MALZYNER, 2013).

Levando em conta o aumento de doenças crônicas, que levam os idosos a tomarem maior número de medicamentos e a realizarem exames de controle com mais frequência, essas condições não limitam a qualidade de vida. Os indivíduos idosos, ao controlarem suas doenças, levam uma vida independente e produtiva. Sabe-se que a ausência de doença é uma premissa para poucos. Envelhecer, para a maioria, é conviver com uma ou mais doenças crônicas, porém o conceito de envelhecimento ativo pressupõe a independência como principal marcador de saúde, o que promove a capacidade funcional e surge, portanto, como um novo paradigma de saúde (CARVALHO; WONG, 2008).

Com a passagem do tempo, a proximidade da morte e as limitações do corpo, mais cedo ou mais tarde todos os indivíduos lidarão com essas questões que, num sentido amplo, colocam todos diante do próprio sentido da vida. Além disso, é fato que hoje se vive mais e a vida do idoso torna-se uma questão importante no mundo atual (VERAS; RAMOS; KALACHE, 1987).

Como mencionado anteriormente, as doenças crônicas existem, mas o conceito de saúde começa a ter novos paradigmas. Sentir-se saudável vai além da ausência de doença; ser saudável é ter a plenitude de vivenciar a vida na sua integralidade.

Muitos indivíduos idosos podem manter pensamentos disfuncionais em relação ao envelhecimento e suas consequências. A psicoterapia visa auxiliar essas pessoas com o autoconhecimento, para melhorar a relação delas consigo mesmas nessa etapa da vida.

Pensando no pressuposto acima, em conjunto com a atuação profissional, é possível encontrar pessoas que precocemente percebem a passagem do tempo e a finitude da vida desenvolvendo um olhar temeroso e depressivo para tentar compreender os aspectos de vida e de morte; outras pessoas, contudo, demoram a dar-se conta do processo inevitável da ação do tempo e são surpreendidas por algo que não esperavam e, certamente, não queriam para si.

A partir de práticas de *mindfulness*, atenção plena, que são técnicas que a pessoa pode vivenciar em suas terapias e praticá-las no seu dia a dia, é possível permitir que corpo, mente e alma vivenciem o momento presente, no aqui e agora, sem perder a beleza do que se viveu ou viverá.

Beck (2013) revela com maestria, após anos de estudos e atendimentos, que pessoas deprimidas mantinham padrões de pensamentos disfuncionais, com imagens negativas sobre si, sobre o mundo e sobre o futuro e que essa forma disfuncional de pensar produzia efeitos em seu modo de sentir e agir. Quando se pensa em padrões de pensamentos disfuncionais, vem a ideia de que são muito similares ao padrão de pensamento de pessoas que sentem medo de envelhecer e medo do futuro, que outrora era marcado por intenso sofrimento ligado a limitações e perda da autonomia (GIAVONI *et al.*, 2008).

A atenção plena (*mindfulness*), pode ajudar o indivíduo a envelhecer mentalmente saudável, pois promove a diminuição da reatividade aos pensamentos disfuncionais e acelerados (FRESCO *et al.*, 2007 *apud* BIELING *et al.*, 2012). Sugere que é terapêutico aprender uma maneira nova de responder às reações internas.

A prática viabiliza a alteração de consciência, a observação sem julgamento, que é uma habilidade que pode ser desenvolvida, mesmo sendo difícil de cultivar. Aceitar uma maneira diferente de responder aos estímulos internos começa a introduzir flexibilidade e direcionamento da atenção àquilo que o corpo sente e a mente pensa (SEGAL *et al.*, 2004).

A vantagem é aprender a partir da própria experiência, de aprender confiando na sua experiência quando ela é mantida na sua consciência, de ver além das estruturas usuais de bom ou mau, gostar ou não gostar e descobrir novas maneiras de ter um relacionamento com o que produzido por uma sociedade que tenta incessantemente fazer-nos acreditar em um padrão estereotipado de beleza, comportamento e no consumismo (KABAT-ZINN, 2013). Nas sessões de psicoterapia com base em terapia cognitivo-comportamental baseada em *mindfulness* (MBCT), busca-se referenciar uma consciência sincera de momento a momento, não julgadora.

Mindfulness

O termo *mindfulness* é uma tradução para o inglês da palavra *sati* em pali, a língua da psicologia budista, cerca de 2,5 mil anos atrás. *Mindfulness* é o ensinamento central dessa tradição. *Sati* sugere estar atento (*awareness*), atenção e lembrar. E o que é estar atento (*awareness*)? Brown e Ryan (2003) definem percepção e atenção sob a égide da consciência.

Consciência envolve tanto estar atento como atenção. Estar atento (*awareness*) é o radar de segundo plano da consciência, continuamente monitorando os ambientes internos e externos.

À medida que o interesse em *mindfulness* aumenta entre pesquisadores e terapeutas, o termo assume significados em constante expansão. O *mindfulness,* na sua mais simplista forma de ser mencionada, se relacionar com a experiência, flutuando a atenção e aceitando a experiência sem julgamento crítico (CHRISTOPHER; GERMER; RONALD, 2016).

Na psicologia, o *mindfulness* foi adotado como uma técnica sistematizada, possível de ser ensinada e treinada (LOPES; CASTRO; NEUFELD, 2012). Ao praticar regularmente, começa a reconhecer quando se encontra em piloto automático.

Houve aumento do interesse na prática do *mindfulness* na aplicação clínica no início dos anos 1990, especialmente depois do desenvolvimento do programa de redução do estresse baseada no *mindfulness* (*mindfulness based stress reduction* - MBRS). O programa foi desenvolvido por Kabat-Zinn e tem como objetivo o manejo da dor crônica e transtornos emocionais e comportamentais (LOPES; CASTRO; NEUFELD, 2012; KABAT-ZINN, 1998 apud BISHOP *et al.*, 2004, VANDENBERGHE E SOUSA, 2006, apud KABAT-ZINN, 1990).

Atualmente, a literatura tem buscado investigar o uso do *mindfulness* em diversos tratamentos e para diversos transtornos (LOPES; CASTRO; NEUFELD, 2012). No entanto, deve-se enfatizar que, apesar de o *mindfulness* ter raízes religiosas, ele é utilizado desvinculado de religião ou esoterismo. O *mindfulness* é uma habilidade inerente ao ser humano que pode ser desenvolvida e aplicada (KABAT-ZINN, 2003).

Terapia cognitivo-comportamental baseada em *mindfulness*

A terapia cognitiva baseada em *mindfulness* (MBCT) foi desenvolvida para ensinar às pessoas com histórico de depressão as habilidades para prevenir a depressão e ficar bem. Usa-se uma formulação teórica de ciência cognitiva que propõe que, nas pessoas em risco de depressão, padrões negativos e automáticos de pensamento e comportamento são facilmente acionados e podem escalar para um episódio depressivo (KUYKEN; EVANS, 2014).

O MBCT é uma abordagem psicossocial baseada em grupo, com duração de oito semanas, que usa treinamento de *mindfulness* e exercícios cognitivo-comportamentais que ensinam as pessoas a reconhecerem os sinais de alerta precoce da depressão, relacionar-se com eles de forma descentrada e incorporada e sair de velhos padrões de reatividade (CARVALHO; WONG, 2008).

Com o *mindfulness*, os idosos aprendem maneiras resilientes de gerenciar seus pensamentos, sentimentos e desafios de vida. Um conjunto substancial de pesquisas atesta sua eficácia e evidências promissoras sugerem que o idoso trabalha por meio de seu mecanismo putativo de ação, cultivando atenção plena e autocompaixão (KUYKEN, W. *et al.*, 2010).

Intervenções psicoterapêuticas que contêm treinamento em meditação *mindfulness* têm sido demonstradas para ajudar os participantes com uma variedade de condições somáticas e psicológicas. A MBCT é uma intervenção psicoterapêutica baseada em meditação projetada para ajudar a reduzir o risco de recaída da depressão recorrente (MASON; HARGREAVES, 2011).

Assim, abre-se uma janela de oportunidades para se sentir mais livre na escolha de como conduzir a sua vida. Observando as suas reações corporais e a ligação destas aos seus pensamentos e comportamentos, o idoso terá mais clareza e objetividade no seu dia a dia. A repetição do treino atencional permite uma melhoria da sua capacidade de foco e as atitudes presentes na prática de MBCT permitem melhorar a sua relação com o mundo, descobrindo o potencial de autocompaixão e confiança que pode trazer até si (TEASDALE; WILLIAMS; SEGAL, 2016).

Discussão

Alguns estudos têm demonstrado que a valorização dos sistemas de crenças dos clientes colabora para a adesão deles à terapia e que, assim, são obtidos melhores resultados nas intervenções. O trabalho dos psicoterapeutas é amenizar o sofrimento emocional. Esse sofrimento chega sob muitas variáveis, como estresse, ansiedade, depressão, problemas de comportamento, conflito interpessoal. Uma parte do sofrimento é existencial e ocorre na forma de doença, velhice e morte. A causa das dificuldades pessoais pode estar condicionada ao passado, circunstâncias do presente e/ou estimativa excessiva do futuro.

A MBCT muda a relação do indivíduo com o seu sofrimento, deixando-o menos reativo ao que está acontecendo no momento. Supõe-se que a prática é uma forma do idoso se relacionar com toda experiência, sendo ela positiva, negativa ou neutra (SIMPLE; LEE, 2014).

Um importante mecanismo de ação da MBCT é melhorar a consciência metacognitiva incentivando os idosos a adotar um modo distinto de ser. Esse modo é um estado em que a mente registra a discrepância entre como se vê as coisas, em comparação com o modo como elas devem ser, e é caracterizado por esforços para reduzir a discrepância entre essas visões (TEASDA-LE; SEGAL, 2010).

A intervenção da MBCT aumenta a capacidade de descentramento e abertura diante das situações. Essas duas habilidades podem indicar a sua eficácia. Além disso, com o treinamento na MBCT, os idosos têm a chance de aprender a ter respostas mais funcionais diante de tendências anteriores de evitar situações aversivas e regular a disforia de maneiras que auxiliem na sua recuperação (BIELING *et al.*, 2012).

Na pesquisa dos artigos selecionados, sugere-se que o indivíduo em qualquer fase constrói formas de perceber o mundo e a experiência vivida a partir das mudanças de seus pensamentos disfuncionais diante da fase em que vive. Assim, desenvolve a habilidade de estar focado no presente sem se dispersar com o passado e o futuro.

Conclusão

Os idosos, a partir da reestruturação cognitiva pela intervenção terapêutica MBCT, têm a possibilidade de aprender maneiras resilientes de gerenciar seus pensamentos, sentimentos e desafios de vida sem perder a dimensão social, seus papéis e hábitos que, ao longo do seu ciclo vital, assumiu na sociedade e na família a partir de um padrão culturalmente estabelecido. A intervenção MBCT em idosos promove o envelhecimento saudável, gerando mais qualidade de vida, pois é o processo de desenvolvimento e manutenção da capacidade funcional que permite o bem-estar em idade avançada.

Referências

BECK, J. S. *Terapia cognitiva: teoria e prática.* Porto Alegre: Artes Médicas, 2013.

BRASIL. Ministério da Saúde. *Envelhecimento e saúde da pessoa idosa.* Brasília, DF: Ministério da Saúde, 2007. 192 p. Série A. Normas e Manuais Técnicos. Cadernos de Atenção Básica; n. 19.

CARVALHO, J. A. M.; WONG, L. I. R. A transição da estrutura etária da população brasileira na primeira metade do século XXI. *Cadernos de Saúde Pública*. v. 24, n. 3, pp. 597-605, 2008.

GIAVONI, A. *et al.* Elaboração e validação da Escala de Depressão para Idosos. *Cadernos de Saúde Pública*. v. 24. n. 5. pp. 975-982, 2008.

KUYKEN, W, *et al.* How does mindfulness-based cognitive therapy work? *Behaviour Research and Therapy*, v. 48, n. 11, p. 1105-1112, nov. 2010. Disponível em: <https://doi.org/10.1016/j.brat.2010.08.003>. Acesso em: 05 jan. de 2022.

KUYKEN, W.; EVANS, A. Mindfulness-Based Cognitive Therapy for recurrent depression. In: BAER, Ruth (ed.). *Mindfulness-Based Treatment Approaches - Clinician's guide to evidence base and applications practical resources for the mental health professional*. 2. ed. London: Academic Press, 2014. pp. 29-60. Disponível em: <https://doi.org/10.1016/B978-0-12-416031-6.00002-5>. Acesso em: 05 jan. de 2022.

LOPES, R. F. F.; CASTRO, F. S.; NEUFELD, C. B. A terapia cognitiva e o mindfulness: entrevista com Donna Sudak. *Rev. bras. ter. cogn.* Rio de Janeiro, v. 8, n. 1, pp. 67-72, jun. 2012. Disponível em: <http://pepsic.bvsalud.org/scielo.php?script=sci_arttext&pid=S1808=56872012000100010-&lng=pt&nrm-iso>. Acesso em: 16 jan. de 2022.

MALZYNER, M. Envelhescência. *Ide* (São Paulo), São Paulo, v. 36, n. 56, pp. 195-199, jun. 2013. Disponível em: <http://pepsic.bvsalud.org/pdf/ide/v36n56/v36n56a13.pdf>. Acesso em: 10 jan. de 2022.

MASON, O.; HARGREAVES, I. A qualitative study of mindfulness-based cognitive therapy for depression. *British Journal of Medical Psychology*, v. 74, pp. 197-212, jun. 2001. Disponível em: <https://doi.org/10.1348/000711201160911>. Acesso em: 05 jan. de 2022.

SEGAL, Z. V.; TEASDALE, J. D.; WILLIAMS, J. M. G. Mindfulness-Based Cognitive Therapy: theoretical rationale and empirical status. In: HAYES, S. C.; FOLLETTE, V. M.; LINEHAN, M. M. (eds.). *Mindfulness and acceptance: expanding the cognitive-behavioral tradition*. New York: Guilford Press, 2004. pp. 45-65

SIMPLE R. J.; LEE J. Mindfulness-Based Cognitive Therapy for Children. *In*: BAER, Ruth (ed.). *Mindfulness-Based Treatment Approaches - Clinician's guide to evidence base and applications practical resources for the mental health professional.* 2. ed. London: Academic Press, 2014. pp. 161-188. Disponível em: <https://doi.org/10.1016/B978-0-12-416031-6.00008-6>. Acesso em: 05 jan. de 2022.

TEASDALE, J. D. *et al.* Metacognitive awareness and prevention of relapse in depression: empirical evidence. *Journal of Consulting and Clinical Psychology,* v. 70, n. 2, pp. 275-287, 2002.

TEASDALE, J. D.; WILLIAMS, M.; SEGAL, Z. *Manual prático de mindfulness (meditação da atenção plena): um programa de oito semanas para libertar você da ansiedade, depressão e do estresse emocional.* Tradução Claudia Gerpe Duarte, Eduardo Gerpe Duarte. São Paulo: Pensamento, 2016.

VERAS, R.; RAMOS, L. R.; KALACHE, A. Crescimento da população idosa no Brasil: transformação e consequências na sociedade. *Rev. Saúde Pública.* v. 21, n. 3, pp. 225-233, 1987.

7

UM POUCO SOBRE A MEMÓRIA

Para a memória, podemos aplicar o princípio básico daquilo que popularmente se diz: "tudo o que não se usa enferruja ou estraga". O uso continuado e repetitivo da memória, seu uso diário, mantém a capacidade de memorizar e recordar melhor. A rainha Vitória da Inglaterra governou um império até depois de seus 80 anos. Ela se mantinha informada sobre tudo. Então, mantenha-se informado(a) e atento(a) sobre o mundo para cuidar da sua memória.

CHRISTIANE RENATE RESCH

Christiane Renate Resch

Contatos
Instagram: @chrisresch
chris.resch.psi@gmail.com
11 99165 2012

Graduada em Psicologia pela Universidade São Marcos (1986), com especialização em Psicologia e Psicoterapia da Infância pelo Grupo de Estudos de Psiquiatria, Psicologia e Psicoterapia da Infância (GEPPPI - SP), especialização em Neuropsicologia pelo Centro de Estudos em Psicologia da Saúde do Hospital das Clínicas da Faculdade de Medicina da Universidade de São Paulo (CEPSIC-HCFMUSP), Psicoterapia Familiar Sistêmica Estratégica pela Escola Vínculo Vida. Com vasta experiência clínica em instituições privadas e públicas desde 1987, atua principalmente com transtornos do desenvolvimento, transtornos de aprendizagem, avaliação da cognição e da personalidade. Desempenha a função de professora/supervisora em cursos de pós-graduação e graduação. Sócia-proprietária da Conectar Psicologia e Neuropsicologia Clínica e Ensino, onde atua como psicóloga técnica responsável nas intervenções em psicoterapia, avaliações psicológicas, neuropsicológicas e na reabilitação/estimulação cognitiva.

O que é a memória

Não conseguir lembrar o nome do artista, aquela palavra que fica na ponta da língua, o rosto que nos parece familiar ou esquecer o compromisso agendado. Isso acontece com todo mundo e com certeza já aconteceu com você. Cada vez mais as pessoas se queixam ou se preocupam com a memória. Parece que esse era um problema observado apenas em pessoas com idade avançada ou em alguém que tivesse sofrido um dano cerebral, mas essa preocupação parece fazer parte do cotidiano de pessoas de todas as idades.

A memória é a capacidade de armazenar todos os eventos vividos e conhecimentos adquiridos nas relações com o meio em que vivemos, a capacidade de conservar e evocar todas essas informações adquiridas pela própria experiência.

A memória é o que torna possível sermos quem somos. O conjunto das nossas memórias forma a nossa história pessoal, assim como o conjunto das memórias forma histórias de povos e nações.

Nós formamos, guardamos e evocamos nossas memórias com a forte presença das emoções e da modulação hormonal. Formar memória envolve vários processos bioquímicos presentes em diferentes células do nosso sistema nervoso.

Tudo o que aprendemos provoca uma mudança estrutural nas ligações entre as células cerebrais, chamadas **neurônios**, que faz com que a informação fique registrada e seja reproduzida ou recordada mais tarde.

Por dentro do cérebro

Nós seguimos aprendendo durante toda a vida, a falar, andar de bicicleta, dirigir um carro, falar um idioma ou calcular. Cada coisa que aprendemos faz com que nossos neurônios formem novas conexões e, com as repetições e o passar do tempo, essas conexões vão criando circuitos cada vez mais complexos. O acúmulo das mudanças nos nossos circuitos neuronais é chamado de **neuroplasticidade**.

Dentro do nosso cérebro ocorre uma verdadeira guerra de neurônios. Se parar de exercitar alguma atividade, você não só se esquece dela, mas também seu cérebro usará aquele espaço mental para registrar outras habilidades ou atividades.

Imagine uma cidade em constante transformação, com mudanças no bairro, em que se derrubam e constroem casas e aquele que não cuida de sua casa pagando impostos e fazendo a manutenção pode perdê-la para um invasor ou para a prefeitura. Quando ocorre uma alteração da memória em razão de uma doença, o cérebro também se modifica e nesse momento a neuroplasticidade cerebral é importante, pois, pela estimulação e atividades repetitivas, aumentamos a conectividade dos circuitos que foram desconectados pela doença.

Recebendo as informações e as etapas da memória

As informações nos chegam de diversas maneiras, por meio de fatos, vivências, eventos, sensações e procedimentos. Algumas informações são verbais, em forma de palavras escritas ou faladas. Outras são não verbais, criadas por formas, cores, desenhos, paisagens, sabores, aromas, texturas e rostos. Assim, temos memória visual, auditiva, gustativa, olfativa e cinestésica associada aos movimentos corporais. O primeiro estágio para a memorização passa necessariamente pelos órgãos dos sentidos.

Para começar a memorizar alguma informação, é preciso que todos os nossos sentidos estejam em boa forma. Se você não vê, não ouve ou não percebe bem uma informação, o fato de não se recordar provavelmente não é problema da memória e sim de alguma falha nos órgãos dos sentidos.

Além dos nossos órgãos dos sentidos, a atenção também tem papel central na memorização. Se você ouve bem, enxerga bem, mas não dirige a atenção para a informação, certamente não conseguirá obter sucesso na hora de recordar.

Vivemos o tempo todo prestando atenção de maneira natural ao ambiente em que estamos. Pense que você está caminhando pela calçada quando passa em frente à padaria e sente aquele cheirinho de pão fresco no ar. Imediatamente você volta sua atenção para o aroma do pão e dispara, involuntariamente, todo o processo de memória – o cheiro gostoso te remete a uma lembrança boa ou que seria ótimo fazer um lanche. Percebe como a atenção está presente e você responde por meio dela para tudo o que acontece à sua volta?

Pense o quanto precisamos ser capazes de fazer várias coisas ao mesmo tempo e estamos dividindo a atenção, nos concentrando ou a alternando a todo momento.

Com atenção, o cérebro passa a decodificar a informação que nos chega e faz uma análise da informação que deverá ser lembrada. Quanto mais analisamos a informação, ou seja, decodificamos, mais chance temos de recordar. Veja: decodificar é fazer o cérebro reconhecer que feijão, arroz, leite, açúcar e café são itens básicos de alimentação e representam produtos dessa categoria. Dica: se você dividir sua lista de supermercado em categorias (mentalmente ou escrevendo), certamente conseguirá se lembrar de tudo o que precisa comprar mais facilmente.

Logo depois que você registra uma informação, se inicia o processo de armazenamento, que pode durar horas, dias, anos. Nessa etapa da memória, as informações novas começam a se relacionar com as antigas. Essas informações antigas são continuamente ativadas e desativadas, fazendo novas associações e novas memórias.

Por último, ocorre o estágio da evocação (também chamado de recordação), que é o momento em que se busca o que está guardado. Só podemos avaliar a memória por meio da evocação; a falta de evocação se chama **esquecimento**. A amnésia é uma falha grande na evocação, envolvendo muitas memórias.

Podem acontecer algumas distorções na evocação da memória, em que podemos confundir a fonte da informação, mas nos lembrarmos corretamente da história. Certamente você já passou por isso: lembrar-se de um fato, mas não de como ficou sabendo, seja por uma pessoa, seja por outra.

As falsas memórias

Ter falsas memórias é muito mais frequente do que se imagina e muitas coisas de que recordamos são verdadeiras só em parte ou podem ser até mesmo totalmente falsas. Durante o sono, as memórias sofrem uma mistura, fazendo combinações e recombinações até o ponto em que o conteúdo que lembramos já não é mais o original. Isso ocorre mais com os idosos e crianças, em que a imaginação e o esquecimento parcial dos sonhos e as emoções recombinam pedaços da memória de maneira complexa.

Os tipos de memória

A memória autobiográfica é onde guardamos todos os eventos de nossas vidas: o primeiro dia na escola, a casa onde moramos, os aniversários e presentes, os passeios, as viagens, os amores e desamores. A nossa identidade é construída por meio dessas memórias, pois, sem elas, não saberíamos nada sobre nossas histórias, sobre nossa família ou sobre o nosso passado.

A memória declarativa é onde guardamos a memória semântica e episódica. É por meio delas, que compreendemos o mundo, conhecemos os objetos, as datas e os fatos históricos, o sentido das palavras e o nome de tudo.

Também existe a memória não declarativa, em que guardamos nossos aprendizados ligados aos hábitos e habilidades, as nossas respostas emocionais e automáticas e ocorre o efeito chamado *priming* ou **representação percep-tual**, que é uma memória de associação. Por exemplo, em MAR_A, você sabe que está escrito a palavra "Maria" mesmo faltando uma letra.

A memória e o tempo

A primeira memória em relação ao tempo está associada às impressões mais instantâneas capturadas pelos nossos sentidos. Todo tipo de estímulo chega até nós, mas parte será descartada e outra parte será transformada em memória de curto prazo. Quando vamos ao shopping, recebemos toda ordem de estímulo: cores, nomes de lojas, barulhos no ambiente, aromas, mas apenas alguns deles precisam ser arquivados na memória de curto prazo.

A memória de curta duração também é chamada por alguns pesquisadores de **memória de trabalho**, ou seja, aquela memória utilizada quando precisamos manter uma informação na mente por um breve tempo. Ao ouvir um número de telefone, é preciso guardá-lo até fazer a ligação.

Como o nome diz, a memória de longa duração é a capacidade de guardar ou reter uma informação por um longo período e mantê-la acessível para resgatar quando necessário. Quando nos lembramos dos nossos amigos de infância ou de uma receita de bolo, estamos utilizando a memória de longo prazo.

As memórias de curta e longa duração se iniciam ao mesmo tempo, imediatamente depois de adquirida cada experiência ou cada pensamento, chamado de *insight*.

Por que a memória falha?

Um sentimento angustiante surge no momento que você não consegue se recordar de algo. Você pode pensar que toda a sua memória está se perdendo. Acalme-se: isso não é verdade!

O nosso cérebro usa diferentes áreas para acessar diferentes informações que estão arquivadas: se pagou a conta, qual o nome da nova vizinha, qual a receita do bolo, qual o dia da consulta médica ou onde foi o almoço do domingo passado. Todas essas lembranças estão divididas em tipos de memória. Portanto, os lapsos de memória devem ser entendidos pelas diversas memórias que temos e não de forma generalizada.

Muitos aspectos podem influenciar a memória, desde nível educacional, hábitos de vida diária, tempo e qualidade do sono, perdas sensoriais, uso de medicações, deficiência de vitamina B12, lesões cerebrais, doenças vasculares e neurológicas.

A hipertensão, por exemplo, pode prejudicar a memória, assim como a ansiedade e a depressão, ao passo que momentos de muitas novidades ou mudanças podem ocasionar falhas na memória. Entretanto, não há nada mais perturbador e silencioso do que o estresse. O estresse prolongado altera o equilíbrio químico do cérebro, comprometendo a capacidade de atenção e, consequentemente, de memorização.

Outros fatores prejudiciais à memória são o uso de medicações para dormir (os soníferos), o abuso de álcool e tranquilizantes e até mesmo alguns remédios para hipertensão.

Memória e idade

A maioria das pessoas associa idade avançada com perda progressiva da memória, mas somente uma pequena parte das pessoas apresenta sérios problemas de memória com o avançar da idade.

Atualmente, sabe-se que a memória sofre algumas alterações decorrentes do envelhecimento, mas essas alterações são consideradas normais e esperadas para essa fase da vida. Ocorrem perdas e ganhos; por exemplo, a memória semântica, que abriga nosso conhecimento e aquisição de vocabulário, pode até melhorar ou se manter estável com o passar do tempo. O idoso carrega em si muita sabedoria.

Também a memória sensorial, aquela captada pelos nossos sentidos, mantém-se estável, perdendo apenas em velocidade, pois a transmissão das informações no cérebro do idoso se dá mais lentamente do que nos jovens. É preciso prestar atenção às perdas sensoriais e buscar uma compensação. Se o indivíduo ouvir pouco, poderá se interessar menos pelo que ouve, prejudicando sua atenção e memorização, assim como, se tiver problemas com a visão, registrará menos informações visuais e prejudicará a entrada de informação no cérebro para posterior memorização.

Já a memória de curta duração ou memória de trabalho pode sofrer uma lentificação, pois exige armazenamento e processamento ao mesmo tempo e diminui especialmente sob pressão de tempo. Pense no idoso lendo uma notícia de jornal e precisando voltar várias vezes na leitura, pois está sob pressão de tempo ou ansioso.

A memória de longa duração, que cuida de manter os acontecimentos antigos, não se altera. Entretanto, torna-se mais difícil aprender informações novas, sendo o processo de aprendizagem mais trabalhoso, uma vez que o idoso fica mais suscetível a alterações da atenção e precisa ter um esforço consciente para manter-se atento à informação que está aprendendo.

Pode ocorrer frequentemente o fenômeno da "ponta da língua". A informação está gravada, mas não está pronta para o uso como nos jovens. Podemos ajudar os mais velhos fornecendo-lhes pistas relacionadas ao que querem lembrar.

Qual o melhor exercício para a memória?

No início, foi dito que tudo o que não se usa enferruja ou estraga, e isso se aplica muito bem ao cérebro. Todo e qualquer exercício que faça praticar a memória ajuda a mantê-la viva e pode até melhorá-la. Jogar xadrez, rememorar letras de música e palavras cruzadas são ótimos exercícios, mas nada supera o exercício da leitura (ou, no caso de deficientes visuais, pedir que alguém leia). Por ser um processo muito minucioso, a leitura envolve várias memórias, os dois sentidos mais importantes: a visão e a audição, além da linguagem, que é o nosso grande diferencial entre os animais.

É ainda mais recomendado que a leitura seja feita em voz alta.

Parabéns; esta leitura que você acaba de fazer certamente agregou muito para a saúde da sua memória.

Boas leituras e vida longa para suas memórias!

Referências

ALVAREZ, A. *Deu branco*. São Paulo: Nova Cultural, 2002.

GAZZANIGA, M. S. *Neurociências cognitivas: a biologia da mente*. 2. ed. Porto Alegre: Artmed, 2006.

GIL, G.; BUSSE, A. L. *Ensinar a lembrar*. 2. ed. São Paulo: Casa Leitura Médica, 2015.

IZQUIERDO, I. *Memória*. 3. ed. Porto Alegre: Artmed, 2018.

IZQUIERDO, I. *Questões sobre a memória*. 2. ed. São Leopoldo: Editora Unisinos, 2004.

8

É MELHOR SE VACINAR DO QUE REMEDIAR

O homem nasce, cresce, se reproduz (ou não), vive, vive e vive. Se você se interessou pelo assunto é porque pode ser cuidador(a) de seus pais, envelheceu ou é simplesmente um apaixonado pelo bem envelhecer. Prepare-se: a cada dia que passa, serão mais centenários entre nós e eles vão demandar muito carinho e ajuda.

CLÁUDIA QUÉLHAS

Cláudia Quélhas
CRF RJ 5695

Contato
iquelhas@uol.com.br

Farmacêutica habilitada em vacinação, formada na Universidade Federal do Rio de Janeiro (UFRJ), com pós-graduação em Gerontologia pela Universidade Estadual do Rio de Janeiro (UERJ), Marketing pela Fundação Getulio Vargas (FGV), e Cannabis Medicinal pela Faculdade Unyleya, com experiência em diferentes indústrias farmacêuticas na área de vacinas. Uma apaixonada pela imunização. Atualmente trabalha como gerente de educação médica na empresa GSK.

Se você se interessou por este livro, é porque envelheceu, é estudioso(a) do assunto, cuidador(a) ou é pai ou mãe de seus pais.

Mas para ter chegado até aqui, provavelmente tomou algumas vacinas e antibióticos e percebeu que o saneamento básico melhorou tanto no Brasil como no mundo. E de uma hora para outra envelhecemos, mas aqui envelhecemos a passos largos e não nos preparamos para envelhecer. Alexandre Kalache, importante pesquisador da área do envelhecimento, fala que o Brasil, diferentemente da Europa, envelheceu antes de enriquecer.

Se olharmos para os lados, vamos perceber que há envelheceres diferentes: duas pessoas com a mesma idade, a partir de suas escolhas, podem ter aparências completamente distintas a depender de sua exposição ao sol, do hábito de fumar e até da prática de atividades físicas.

Com o envelhecimento, todos sabemos que cabelos e pelos vão cair, que pelos vão crescer em lugares pouco usuais e que a pele vai sofrer a ação da gravidade. O que poucos sabemos, ou quem sabe passamos a saber um pouco mais após termos sido atropelados pela Covid-19, é que o sistema imune também fica comprometido quando envelhecemos. A este fenômeno damos o nome complicado de **imunossenescência**. O sistema imune de um indivíduo que envelheceu não é tão robusto como o sistema imune de uma criança e muitas vezes a resposta a determinados medicamentos, tratamentos e vacinas pode não ser a mesma quando em comparação com o mesmo indivíduo mais jovem. Não é porque tomamos uma vacina na vida que estaremos protegidos enquanto por aqui estivermos: nós, os vírus e as bactérias passamos por transformações.

É por esse motivo que as vacinas para um indivíduo que envelhece são tão importantes: ao conviver com comorbidades, há risco aumentado para o desenvolvimento de algumas doenças que poderiam descompensar a doença de base durante o tratamento tratamento de uma infecção que poderia ser prevenida por vacina. Um exemplo dentre alguns seria a vacina para doença pneumocócica, disponível no sistema público e indicada para o paciente diabético. A pneumonia pode ser prevenida por vacina prescrita pelo médico e, para ser mais exata, por dois tipos diferentes de vacinas em esquema sequencial.

Inclusive já há empresas que, em busca de melhor resposta imune, estão desenvolvendo vacinas específicas para a população que envelheceu.

Fora isso, com a chegada ao mercado de medicamentos para disfunção erétil, como a sildenafila (diga-se de passagem, um divisor de águas na área de disfunção erétil), muitas pessoas se expuseram ao risco de ISTs (infecções sexualmente transmissíveis, como a hepatite B) por não terem o hábito de usar preservativo. A hepatite B é uma doença que pode ser transmitida por relação sexual e pode ser prevenida pela vacina.

Há vacinas disponíveis nos sistemas de saúde públicos e privados. Uma dica é, sempre que a pessoa for fazer exames de rotina, solicitar ao médico que adicione ao pedido uma solicitação para atualização da caderneta vacinal, assim terá condições de colocar em dia as vacinas pendentes. Feito isso, deve-se procurar uma clínica privada e um posto de saúde para saber que vacina você pode e deve tomar, em que instituição e quando seria melhor tomá-la, avaliando sempre o custo-benefício. Um ponto interessante e que nem sempre nos lembramos é que há planos de saúde que cobrem vacinas. Verifique com seu plano de saúde se essa cobertura existe e quais clínicas têm convênio com o plano. Mesmo que haja apenas um desconto, já é valido.

Para aqueles casos em que a vacina tem um custo mais elevado, o raciocínio deve ser o seguinte: avaliar quanto custaria tratar a doença prevenida pela vacina, se valeria a pena correr o risco de contraí-la e se essa doença poderia colocar em risco o seu bem-estar. Muitos se assustam ao perceberem que remediar pode sair bem mais caro do que prevenir. Isso sem falar no risco de interações medicamentosas e eventos adversos que podem surgir nesse paciente que, algumas vezes, já é polimedicado.

Adultos que convivem com pessoas em tratamento oncológico, pacientes transplantados ou bebês, por exemplo, deveriam se vacinar, para fazer uma barreira para que a doença não contamine esse indivíduo que está se tratando ou esse bebê que ainda não está na idade vacinal ou cuja aplicação está atrasada. Essa proteção, descrita em trabalhos científicos, chama-se **estratégia** *cocoon* **ou "casulo"**, que tem em seu centro aquele indivíduo que está sob a proteção daqueles que foram vacinados. A cantora Jennifer Lopez participou da campanha Sounds of Pertussis, chamando a atenção para a proteção contra a coqueluche: avós têm papel fundamental ao se vacinarem contra a doença para protegerem seus netos recém-nascidos.

Vale lembrar para as pessoas com determinadas comorbidades que há instituições no Brasil denominadas Centros de Referência em Imunobiológicos Especiais (CRIEs) que oferecem vacinas para esses públicos. Para saber mais a respeito, busque na internet em que locais encontrar os CRIEs.

Temos certeza de que muitas vacinas surgiram e muitas outras surgirão não apenas para proteger a população que envelhece, mas também com o principal objetivo de não fazer com que venhamos a sofrer com doenças que podem ser prevenidas por vacinas.

Para saber mais a respeito da sua vacinação e da vacinação de sua família, consulte o site: www.sbim.org.br .Lá, vai encontrar o calendário de 0-100 anos. Caso more em outro país, o ideal é buscar orientações junto aos órgãos de saúde oficiais. Informações gerais sobre vacinação podem ser obtidas no site do Centers for Disease Control and Prevention (CDC) nos EUA, ou na Organização Mundial da Saúde (OMS).

Siga as orientações oficiais e cuide de seu sistema imune, porque vacina boa é vacina no braço, para depois "partir para o abraço".

9

COSMETOLOGIA E ENVELHECIMENTO

O mercado da cosmetologia e da estética apresenta uma gama de tratamentos com recursos terapêuticos associados à cosmetologia para a melhoria das disfunções ocasionadas pelo envelhecimento cutâneo. É importante o profissional conhecer as doenças que normalmente se instalam quando o indivíduo está na terceira idade, pois algumas se refletirão na pele e isso será, talvez, uma contraindicação para a realização de algum procedimento estético. Esse cuidado é fundamental para o sucesso do tratamento, para que não ocorram intercorrências indesejáveis e se tenha um resultado seguro e eficaz.

ÉRIKA FUSCALDI GOMES

Érika Fuscaldi Gomes
CREFITO 4 – 115161F

Contatos
erikafuscaldi@gmail.com
Instagram: @draerikafuscaldifisioperito
31 98408 0933

Fisioterapeuta desde 2007, com especialização em Fisioterapia Dermatofuncional, Fisioterapia do Trabalho e Ergonomia. Perito Judicial em Fisioterapia pelo Método Veronesi. Pós-graduanda em Acupuntura. Discente em Educação Física (bacharelado). Licenciada em Docência Profissional, Tecnológica e Científica. Conteudista e tutora EAD de pós-graduação em várias áreas da fisioterapia pela Faculdade Unyleya. Experiência clínica em fisioterapia desde 2007, docente desde 2009, autora de artigos científicos e de conteúdos na área de Fisioterapia.

A expectativa de vida vem aumentando e o envelhecimento vem sendo sempre muito estudado para que se possa proporcionar qualidade de vida em todos os aspectos para a população da terceira idade.

Envelhecer é um processo natural do ser humano, e a pele é um dos marcadores que o sinalizam. Por esse motivo, as pessoas acabam procurando os cuidados estéticos a fim de minimizar as marcas do tempo no tecido.

A pele é um órgão que está exposto aos danos ambientais. Então, quando classificamos o envelhecimento, pontuamos que ele pode ocorrer de maneira extrínseca, pela ação dos fatores externos, ambientais, como a exposição solar prolongada. Já o envelhecimento de maneira intrínseca, que ocorre com o passar dos anos, ocorre por um desgaste fisiológico do organismo tanto nos órgãos quantos nos tecidos, de forma progressiva e sem contar com a atuação de agentes externos.

O envelhecimento pode variar de indivíduo para indivíduo por causa dos hábitos de vida, do histórico de saúde, dos fatores genéticos e dos fatores ambientais. No caso do envelhecimento cutâneo, ele ocorre por causa de várias modificações irreversíveis e inevitáveis pela parte fisiológica considerada, o que dificulta a renovação celular.

Alguns fatores como o tabagismo, o estresse, as alterações hormonais, questões ambientais e a exposição solar contribuem fortemente para o envelhecimento cutâneo.

É importante entendermos que a pele sofre transformações com o passar do tempo, por isso é devemos obter conhecimento nesse sentido para sabermos como intervir no tecido. As mudanças na pele geram flacidez, sensibilidade e afinamento, manchas, cicatrizes, entre outras afecções do tecido cutâneo.

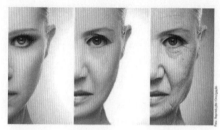

Figura 1. Envelhecimento cutâneo. Fonte: https://cosmeticinnovation.com.br/senescencia-x-rejuvenescimento-da-pele/

Sabemos que envelhecer é natural, porém este pode ser um processo que pode ocorrer sem tantos traumas se houver atenção aos cuidados com a saúde em geral.

No ser humano, o envelhecimento se inicia a partir dos 30 anos, quando o corpo precisa começar a receber mais cuidados para ganhar qualidade no envelhecer.

O envelhecimento ativa processos de degeneração nos aspectos de colágeno e elastina, desorganizando o metabolismo. Assim, a pele diminui em espessura e fica mais sensível.

Os cuidados com a pele devem ser iniciados o quanto antes, o que chamamos de prevenção. Esses cuidados trarão vigor e qualidade para a nossa pele, o que vai se refletir na vida toda. Afinal, os sinais surgem, e isso é natural, porque faz parte do processo de envelhecimento.

De acordo com cada fase da vida, alguns cuidados e alertas são indispensáveis para termos uma pele bem cuidada e saudável. Na fase dos 20 anos, a prevenção e a proteção são os cuidados mais importantes, porque a exposição solar prejudica a pele e poderá causar marcas que aparecerão no futuro.

Na fase dos 30 anos, os aspectos de envelhecimento começam a surgir, pois começam as perdas de colágeno, a flacidez, as manchas e as rugas aparentes. O momento é ideal para utilizar produtos que vão prevenir e até auxiliar na correção de algo que já esteja se instalando. O uso do protetor solar se faz imprescindível para a pele, além dos cuidados nutricionais e da prática de atividade física. Nessa fase, é ideal utilizar a vitamina C, que é um antioxidante. Como recursos terapêuticos para auxiliar no tratamento da pele, podem ser realizados limpeza de pele, aplicação de toxina botulínica, microagulhamento e radiofrequência com o intuito de auxiliar na prevenção de problemas de pele e tratamento preventivo.

Na fase dos 40 anos, na mulher começam as alterações hormonais e a pele tem tendência a ficar mais seca. Com isso, se inicia o surgimento de rugas, flacidez, melasma, olheiras, entre outros. É importante atentar não somente para o rosto, mas também para a região do pescoço e do colo. É importante hidratar a pele, estimulando o aumento do consumo de água e de alguns princípios ativos, como os ácidos, em especial o hialurônico.

Na faixa etária dos 40 anos, já ocorre uma importante queda na produção do colágeno. Em consequência, a pele já não tem tanta firmeza e a capacidade de regeneração do tecido é diminuída. Nessa fase, indica-se o uso de filtro solar com (FPS) fator de proteção solar e com PPD (do inglês *persistent pigment darkening*), para que ocorra a efetiva proteção contra os raios solares. É indicada a utilização de séruns e cremes anti-idade com foco na firmeza da pele. Temos no mercado os fatores de crescimento e os preenchimentos para a pele. O objetivo dessa fase é buscar tratamentos que estimulem a produção de colágeno para a pele ficar mais sustentada e viçosa.

Acima dos 50 anos, temos o momento da menopausa, que traz consigo a aceleração do envelhecimento. A pele se apresenta mais fina e seca e a produção de colágeno tem uma queda considerável, o que acentua as rugas estáticas. Para essa fase, são indicados produtos que proporcionem firmeza da pele, efeito *lifting* e tensores.

A partir dessa idade, é ideal que se utilizem hidratantes mais potentes, se realizem tratamentos que contenham ativos específicos, como os fatores de crescimento, o silício orgânico e o ácido hialurônico, além do uso do protetor solar. Há tratamentos com ótimos resultados para essa idade, como os fios de sustentação, o laser e os bioestimuladores de colágeno.

A prevenção do envelhecimento cutâneo é um tema que é muito discutido quando se questiona quando devem iniciar os cuidados com a pele, como o envelhecimento funciona e como envelhecer de maneira saudável.

Outro tema que ganha espaço é o fotoenvelhecimento, que gera modificações do tecido cutâneo de maneira genética, hormonal, imunológica e psicológica.

Existem várias teorias a respeito do envelhecimento. A mais considerada tem relação com os danos oxidativos originados dos radicais livres. Os danos oxidativos têm ligação com fatores como poluição ambiental, radiação, cigarro, álcool, pesticidas, aditivos químicos e conservantes, estresse e consumo excessivo de gordura animal.

Nesses casos, é importante fazer uso de nutracêuticos com vitaminas C e E, selênio, zinco e manganês, pois atuam contra os radicais livres ao estimularem a produção de colágeno. É importante lembrar que todas as indicações que estão sendo citadas devem ser prescritas por profissionais aptos e de maneira personalizada para cada paciente, depois de uma avaliação minuciosa de sua saúde e tecido cutâneo.

A cosmetologia é a ciência que remete aos cuidados e proporciona a melhoria das condições estéticas da pele, não somente com foco na beleza, mas também na saúde, corrigindo condições consideradas inestéticas.

Os cosméticos e cosmecêuticos também auxiliam o paciente quando ocorrem afecções de pele, atuando de maneira segura e eficaz. Vários desses também auxiliam na prevenção e no tratamento do envelhecimento cutâneo.

As intervenções estéticas objetivam antecipar e evita o surgimento de problemas de pele, controlando ou tratando a pele e seus anexos por meio de fórmulas de ativos naturais ou sintéticos, que conhecemos como os **cosméticos** ou **cosmecêuticos**.

O mercado estético tem disponibilizado uma gama de ativos para realizar tratamentos de pele, auxiliando em várias questões inestéticas. No caso do envelhecimento cutâneo, temos alguns mecanismos principais.

A atuação na área da estética, tanto da parte cosmetológica quanto a respeito das inovações dos tratamentos tecnológicos, vem ganhando destaque no mercado, mas o diferencial para ter sucesso nessa área, em relação às respostas efetivas e seguras dos tratamentos, é ter conhecimento contínuo obtido por meio de cursos livres, de extensão, de pós-graduação e da leitura de artigos científicos. O profissional sempre deve basear sua conduta de tratamento nesses estudos, que analisam as disfunções estéticas de maneira científica, para que se siga uma conduta assertiva e segura para o paciente, de maneira fundamentada.

Com os avanços tecnológicos, também ocorrem avanços na área dos cosméticos, principalmente no quesito antienvelhecimento. São inúmeros ativos novos aplicados em maravilhosas combinações nos produtos.

Os cosméticos, além de terem excelentes resultados se utilizados de maneira isolada, quando associados a outros tratamentos têm um diferencial a depender do equipamento utilizado ou da combinação traçada para a conduta do tratamento.

É de extrema importância ter conhecimento amplo de anatomia e do sistema tegumentar, além de conhecimentos sobre recursos terapêuticos, abrangendo indicação, contraindicação e efeitos adversos que os recursos da eletroterapia e os cosméticos/cosmecêuticos podem ocasionar, pois sabemos como a pele comporta em diversas situações e condições.

O profissional sempre deve verificar as indicações e contraindicações dos tratamentos, já que, especialmente na terceira idade, surgem várias doenças que podem ser contraindicação para vários tratamentos estéticos. Para manipularmos a pele com segurança, devemos nos lembrar de que o tecido cutâneo fica fino e delicado durante o processo de envelhecimento.

O tratamento com a cosmetologia diante do envelhecimento é muito interessante, pois existem muitos ativos cosmetológicos e recursos terapêuticos para atuar na prevenção, amenizando e tratando as afecções cutâneas provenientes do envelhecimento.

Em decorrência dos tratamentos, a pele pode ficar sensível e propensa a sofrer efeitos adversos irreversíveis se for exposta ao sol; por isso, é importantíssima a utilização do protetor solar como prevenção, auxiliando na proteção da pele nesses tratamentos. O protetor solar deve estar em torno da proporção de terça parte do PPD para o FPS, para maior segurança na proteção. Ele deve ser utilizado regularmente e repassado a cada duas horas, mesmo sem a pessoa estar exposta ao sol.

O cuidado da pele em todas as fases da vida, principalmente no envelhecimento, é de extrema importância para a saúde do tecido e para proporcionar qualidade de vida na terceira idade, melhorando a autoestima e o vigor.

Referências

BORGES, F. S. *Dermato-funcional: modalidades terapêuticas nas disfunções estéticas*. São Paulo: Phorte, 2006.

GUIRRO, E. C. O.; GUIRRO, R. R. J. *Fisioterapia dermato-funcional: fundamentos-recursos-patologias*. Barueri: Manole, 2003.

SOCIEDADE BRASILEIRA DE DERMATOLOGIA. *Envelhecimento*. Disponível em: <https://www.sbd.org.br/dermatologia/pele/doencas-e-problemas/envelhecimento/4/>. Acesso em: 08 jun. de 2022.

10

UM OLHAR SISTÊMICO PARA A VIDA E SEUS CICLOS

Neste capítulo, falo sobre as possibilidades de viver de maneira ativa e feliz, tendo como perspectiva a visão sistêmica, a autorresponsabilidade, o realizar e o viver o que nos faz bem e nos traz felicidade, sem culpa.

ESTELLA PARISOTTO LUCAS

Estella Parisotto Lucas

Contatos
constellatebr.blogspot.com
constellate.br@hotmail.com
Instagram: @constellate.br
Facebook: @constellate.br

Neuropsicopedagoga sistêmica. Fundadora da Constellate - Educação Sistêmica para a Vida, espaço voltado para a Transformação Atitudinal Sistêmica. Escritora membro da Academia Itapemense de Letras - Itapema/SC. Psicanalista em formação, terapeuta holística filiada à Associação Brasileira dos Terapeutas Holísticos (ABRATH). Consteladora sistêmica certificada – Metaforum Internacional Brasil e Instituto Onukisan. *Coach* de vida e carreira certificada pelo Instituto Holos. Graduada em Letras - Português e Espanhol - Universidade do Vale do Itajaí (UNIVALI/SC). Pós-graduada em Neuropsicopedagogia - Centro Universitário Internacional (UNINTER)/PR. Pós-graduada com MBA Executivo em Liderança e Consultoria Organizacional - Faculdade Integrada Tiradentes (FITS/AL). Consultora organizacional especializada em Negócios Internacionais, cadastrada na Confederação Nacional da Indústria (CNI). Atuou como técnica extensionista do Programa de Qualificação para Exportação (PEIEX), desenvolvido pela Agência Brasileira de Promoção de Exportações e Investimentos (ApexBrasil).

Cada um de nós compõe a sua história
Cada ser em si
Carrega o dom de ser capaz
E ser feliz.
ALMIR SATER e RENATO TEIXEIRA

No meu próprio ritmo, sigo a canção. Parafraseando-a em minhas reflexões, toco em frente. Abro espaço, conecto-me ao amor disponível. Concordo que é preciso amor para poder pulsar, é preciso paz para sorrir e é preciso a chuva para florir, para nutrir. Neste mundo, todo mundo um dia ama, todo mundo chora, alguns chegam, outros vão embora. Alguns desfrutam, outros deixam passar o cumprir da vida. É, cada um de nós compõe a própria história.

No compor da minha história, mergulho em minhas memórias afetivas, um doce encontro comigo mesma, com as minhas sensações e emoções, aproprio-me do meu dom de ser capaz de ser, de ser eu mesma em minha multiplicidade. Um reconhecer que sou parte e que faço parte. Um reconhecer, amoroso, da minha contribuição, do que sou capaz de fazer por mim mesma, mas não apenas para mim e, quem sabe neste lugar, encontro-me feliz.

Ouvir essa canção é, para mim, um bálsamo. Algumas músicas me fazem vibrar, falam com o ser mais genuíno que habita em mim e, a partir delas, viajo instantaneamente a vários lugares, visito várias memórias. Algumas com lágrimas, outras tantas com risos, afinal, assim somos em nossas expressões de vida.

Cada um de nós ocupa um lugar em cada sistema que compartilhamos. Cada um de nós tem o próprio lugar de perceber-se parte única, cada um de nós entrega algo único, portanto não somos maiores ou menores uns que os outros, melhores ou piores; apenas vivemos a partir das nossas percepções, do que acreditamos, das nossas escolhas, do que nos move do que nos aproxima da tal felicidade.

Meu lugar? Dos muitos únicos que ocupo (filha, irmã, amiga, esposa, escritora), alguns são fonte de energia propulsora e me conectam à vida de maneira muito serena. A partir da arte, tão excluída do meu sistema familiar e tão presente ao mesmo tempo, me conecto a algo maior. Demorei para ter essa percepção, para reconhecer a força de vida que me nutre a partir da arte. Demorei para dizer "sim" para essa energia que me mantém em movimento. Meu canal de expressão é a escrita. Hoje dou um espaço para que a partir dela eu expresse o que faz sentido para mim, o que vejo a partir das minhas perspectivas, da minha consciência e me permito viver, sem a sede de possuir todas as verdades, as tais absolutas, se é que elas existem.

Permito-me ser vulnerável, falar sobre o que acredito, o que ao longo dos meus quarenta e tantos anos vivi e aprendi, a minha agora suave resiliência acompanhada do assentir. Penso que assim posso contribuir, de alguma maneira, para quem aqui chegar e se sentir tocado, pelo que fizer sentido, afinal, não há receita, há vida para ser vivida e como ser vivida é que pode fazer grande diferença.

Faço, então, um convite. Gosto de deixar convites, sem imposições. Deixo ideias disponíveis para serem, quem sabe, utilizadas, como pecinhas do grande e lindo mosaico que compartilhamos. Há encaixes perfeitos e há peças que jamais conseguirão ficar, pois fazem parte do movimento. É simples! Complicado pode ser tentar fazer morada ou querer perpetuar práticas de outras épocas e outras consciências.

Convido para um olhar amoroso à vida e todas as suas perfeitas imperfeições, à sua inexorável impermanência e seus ciclos. Para abrirmos o presente do hoje, de um passado que não podemos mudar, mas também para o presente de um amanhã que, aí sim, podemos escolher, podemos ter novas atitudes. Podemos nos apropriar do que é nosso e principalmente deixar com o outro o que é do outro. Podemos dizer "sim" para a nossa própria vida e dela tomar posse.

Tomar posse é dizer "sim" para tudo o que foi, como foi. É reconhecer o que recebemos como suficiente para vivermos com intensidade a nossa parte. É dizer "sim" para a vida vinda de tão longe, é assentir nossas metades essenciais, nossos pais e nossa origem. É dar vida a nossa própria vida e, a partir desta perspectiva, assumir as responsabilidades para o nosso bem-estar.

Pois é, em determinado momento da vida, poderemos nos deparar com essa responsabilidade, temida por muitos, praticada por tantos outros. Promover o nosso bem-estar e o bem comum pode ser desafiador, já que não há um conceito ou uma equação exata para alcançá-los.

O que é cuidado para uns, pode ser total falta de liberdade para outros e, assim, nos aproximamos ou nos afastamos de pessoas e situações. Há relações tóxicas que duram mais de meio século e há relações saudáveis construídas e alimentadas por mais de meio século. Somos duais e compreender que não precisamos viver em extremos pode nos trazer um pouco mais de consciência a respeito da nossa maneira de lidar com as dualidades e os conflitos.

Viver ou morrer deixa de fazer parte das linhas poéticas e passa a ser integrado em sua amplitude, assim podemos perceber que a morte não é o oposto da vida, por mais que digam isso. A morte é o oposto do nascimento, já que a vida pulsa em sua infinitude.

Finito é o ciclo, é o período que passamos por aqui, é o "macacão" que vestimos como corpo, que abriga nosso ser infinito, de infinitas possibilidades e livre para vivenciar suas escolhas.

Olhar por essa perspectiva é um processo. É um reconhecer das partes e suas importâncias, um saber que tudo o que aqui tem início, terá um fim e que o fim abre espaço para um novo começo. Somos cíclicos.

Enquanto seres humanos, vivemos várias etapas, vários ciclos: concepção, gestação, nascimento, primeira infância, adolescência, vida adulta, envelhescência, morte e renascer para os que assim acreditam.

Esses ciclos muitas vezes são vividos na expectativa da chegada do outro ciclo, na expectativa de fazer amanhã, de sentir pequenos prazeres da vida apenas nas férias, de começar o prometido regime na semana que vem, no trabalhar agora para aproveitar a vida na velhice. E se a velhice não chegar?

Sabemos que todos nós envelheceremos. Envelhecemos a cada minuto, a cada dia, no mais puro e natural movimento cíclico que a cada etapa cumprida se renova. A questão é chegar à idade madura, aos 60, 70 ou 80 anos, com qualidade de vida, mas sabemos também que nem todos chegam lá.

Quando eu era criança, conheci pessoas que aos 50 anos já eram idosas, já estavam esperando a morte chegar. Acreditavam que haviam feito tudo e que já podiam se sentar na poltrona e desfrutar do passar vagaroso do tempo, contando suas aventuras e deixando seus conselhos ou mandamentos.

Hoje, mais perto dos 50 do que nunca, me sinto jovem. Sinto que ainda tenho tanto tempo, tanta vida para viver, tanto para fazer, viajar, escrever, amar e entregar. Tenho também plena consciência das minhas responsabilidades, ainda mais hoje com o mundo acelerado, em que tudo é para ontem, parar para escutar alguém é uma baita perda de tempo, mensagens de voz são aceleradas e o cérebro que dê conta de tanta ansiedade.

Tenho consciência de que o cuidar de mim começa por mim, mesmo que muitas das crenças familiares tentem me dizer o contrário. Fui ensinada que deveria cuidar das minhas irmãs mais novas, das minhas coisas... depois as responsabilidades foram crescendo e eu, acreditando que precisava dar conta de tudo, assumi por muito tempo até o que não me cabia.

Só depois de muito anos, muita terapia e o caminhar do desenvolvimento pessoal foi que percebi que não precisava ser a salvadora da família, ou dar conta de tudo e todos e ainda fazê-los felizes. Não, não! Isso é tarefa de cada ser vivente e a minha tarefa foi compreender que eu poderia cuidar de mim, primeiro de mim.

É como a metáfora da máscara de oxigênio passada nas instruções durante o embarque em aeronaves. Em caso de emergência, máscaras cairão a sua frente. Coloque-a primeiro em você, ajuste e só depois de certificar-se de que está respirando, auxilie a pessoa ao seu lado, se for necessário.

Quantas vezes colocamos a máscara primeiro no futuro, ou a deixamos escondida em alguma gaveta no passado, coberta por dores e dissabores? Quantas vezes? Quantas vezes deixamos para viver só na próxima vida?

Assisti a uma palestra da Dra. Ana Claudia Quintana Arantes falando sobre o envelhecer e sobre como não nos preparamos para a sua chegada. Na palestra, ela deu um exemplo que fez muito sentido para mim. Ela contou que, mesmo que ela combinasse com todos os ali presentes para irem juntos ao Deserto do Saara, 30 anos depois daquela data e que todos concordassem, na chegada ao deserto alguns ainda se assustariam com o calor escaldante durante o dia ou com o frio noturno. Muitos se esqueceriam de levar roupas adequadas ou até água para beber.

Mesmo sabendo que estamos diariamente envelhecendo, mesmo sabendo que só não chegaremos à velhice se morrermos antes, não nos preparamos como poderíamos ou deveríamos. Enquanto jovens, ativos e produtivos, deixamos de fazer a nossa tarefa de casa e, quando nos damos conta, a vida passou.

Manoel Berlinck apresenta o conceito de envelhescência como sendo a arte de viver a velhice e complementa dizendo que ela requer muito engenho e muito empenho, podendo ser ao mesmo tempo triste e divertida, animada e desanimada, ativa e sem atividade; ser, enfim, como o resto da vida. Continuamos na envelhescência com os mesmos hábitos e costumes da adolescência ou vida adulta, já que a frugalidade chega com a maturidade.

Tá, mas então como podemos viver a envelhescência de maneira ativa e feliz? Ouso dizer que vivendo de forma ativa e feliz desde sempre. Em todos os nossos ciclos e não apenas esperando o amanhã chegar.

88 | Envelhescência ativa e feliz

Uma maneira de viver de forma ativa e feliz é, por exemplo, ampliando o foco da nossa visão de mundo. Ao ampliarmos o foco, ao vermos por meio da visão sistêmica, ampliamos também a nossa consciência. Nos vemos. Percebemo-nos em nossos sistemas, em nossas relações, em nossas ações, nossos cuidados e, principalmente, na maneira como promovemos o nosso bem-estar.

Pensar no bem-estar é pensar em ações interdependentes. É pensar e agir a partir da nossa própria multiplicidade. Saber equilibrar necessidades e expectativas. Saber harmonizar os aspectos emocionais, físicos, mentais, sociais, familiares, ocupacionais, financeiros e espirituais diariamente. É um integrar partes, saber que não podemos dissociá-las, afinal, assim estaríamos dizendo que apenas algumas das partes do nosso todo são essenciais.

Criar novos hábitos pode ser uma provocação positiva. Nos apegamos ao que conhecemos e sabemos como funciona. Nos apegamos, inclusive, ao que não nos faz bem e nos traz tristeza. Para tentar diminuir a nossa própria responsabilidade, usamos as reclamações como desculpas para a não ação e voltamos ao velho adiar para amanhã, para quando estiver aposentada, para quando envelhecer.

Sem perceber, criamos o que vivemos e entramos em um ciclo, que pode ser infindável. Para sair dele, é preciso consciência e ação. Precisamos fazer diferente, ter novas atitudes. Atitudes construtivas e que nos conectem ao grande pulsar da vida.

Cada um de nós encontra o seu pulsar, no seu tempo, mas é importante encontrar e saber dar ritmo. Dividir o tempo em atividades que nos façam bem, como físicas, sociais e espirituais, por exemplo. Passar tempo de qualidade com nossos familiares e amigos, com as pessoas que são fundamentais nos nossos dias.

Somos casas de emoções e sentimentos, os que cultivamos nos nutrem e reverberam, então que sejam bons, nos façam bem e felizes.

Que possamos cada vez mais:

- sentir gratidão pelo que somos, sem tantas exigências;
- proporcionar convivência pacífica, principalmente com nós mesmos;
- descarregar o peso do que não é nosso;
- integrar nossas sombras e dar a elas bons lugares;
- aceitar que o nosso corpo muda;
- aceitar que a nossa memória pode começar a falhar;
- fazer escolhas, aquietando nossos corações e nossas mentes.

E, por fim, mas não necessariamente nesta ordem, que a alegria seja nossa companheira e que possamos vivenciar intensamente a arte de viver a vida em todos os seus ciclos.

Referências

ARANTES, A. C. Q. *Como envelhecer* – palestra da Dra. Ana Claudia Quintana Arantes. Disponível em: <https://youtu.be/pSxvtbqXmFk>. Acesso em: 1 dez. de 2021.

BERLINCK, M.T. A envelhescência. *In: Psicopatologia fundamental*. São Paulo: Escuta, 2000, pp.193-198.

HELLINGER, B. *O amor do espírito na Hellinger Sciencia*. Tradução: Tsuyuko Jinno-Spelter, Lorena Richter, Filipa Richter. 5. ed. Belo Horizonte: Atman, 2019.

SATER, A; TEIXEIRA, R. Tocando em frente. *Letras.mus.br.* Disponível em: <https://www.letras.mus.br/almir-sater/44082>. Acesso em: 1 dez. de 2021.

11

A SAGA DO ENVELHECIMENTO HUMANO

UMA JORNADA HEROICA DA HUMANIDADE ATÉ A ENVELHESCÊNCIA

O envelhecimento é um processo com várias concepções: faltas, temores, crenças e mitos, em que as relações culturais e temporais apresentam-se como marcadores do processo biopsicossocial.

JUDITH BORBA E SARA CRISTINA ALBUQUERQUE M. L. RIBEIRO

Judith Borba

Contatos
jupisibo@gmail.com
Instagram: @judith_borba1
81 99976 3225

Bacharela em Direito pela UFPE com Especializações em Psicologia Jurídica (FAFIRE), Direitos Humanos (UNICAP) e Psicologia Positiva pelo IPOG/PB. Também, como Membro do Ministério Público e por ter atuado como Promotora de Justiça do Idoso, tem várias teses aprovadas nos Congressos Nacionais e Estaduais do Ministério Público e como palestrante em Direitos Humanos, tudo na perspectiva de valorização da pessoa na conquista de sua cidadania. Atualmente vice-presidente do Instituto de Pesquisa e Estudo da Terceira Idade e trabalha com o desenvolvimento humano (principalmente da pessoa idosa) utilizando os conhecimentos como contoterapeuta, consteladora, advogada e *coach*.

Sara Cristina Albuquerque M. L. Ribeiro

Contatos
saraalbuquerque@yahoo.com.br
81 98942 0895
81 98845 9613

Graduação em Direito pela Faculdades Integradas Barros Melo (1999). Advogada e membro da CDPI OAB/PE, Comissão dos Direitos da Pessoa Idosa da Ordem dos Advogados de Pernambuco, desde 2018. Pós-graduanda em Gerontologia (UNICAP), estando em fase de conclusão do TCC. Atua como Voluntária do Instituto de Pesquisas e Estudos da Terceira Idade (IPETI), desenvolvendo o projeto Orientação Jurídica ao alcance da Pessoa Idosa, com Dra. Judith Borba. Tem experiência na área do direito, com ênfase em Direito Previdenciário, Cível e Trabalhista, bem como na defesa dos Direitos das Pessoas Idosas.

Lembremos que o homem das cavernas nômade não chegava a envelhecer, pois qualquer doença o matava, por não ter noção de cuidados básicos. Porém, quando se fixou, viveu mais.

Segundo Beauvoir (1990, p. 122), a ideia de honra estava relacionada à da velhice, integrando o fato de que a sabedoria e a longevidade conferiam o dom da experiência, da autoridade. Aristóteles (apud BEAUVOIR, 1990, p. 136) pontuava a sabedoria, a longevidade, a experiência e a autoridade em contraponto ao contexto negativo da velhice. Assim, ressaltava-se que

> É preciso que o corpo permaneça intacto para que a velhice seja feliz: uma bela velhice é a aquela que tem a lentidão da idade, mas sem deficiências. Ela depende, ao mesmo tempo, das vantagens corporais que se poderia ter, também do acaso. O declínio do corpo acarreta o do indivíduo inteiro.

Não só o tempo, mas também a contextualização são elementos que podem tornar os idosos "inúteis", pois há doenças e incapacidades atreladas à velhice, além dos questionamentos psicológicos e fatores condicionantes à longevidade.

Já nas sociedades antigas, o envelhecimento era visto com privilégio e havia a ideia da longevidade, considerado de maneira diferente conforme a classe social do idoso. Caso viesse a pertencer à elite, detinha o poder político, econômico e cultural, reconhecido como sábio; em contraponto ao de classes inferiores, que representava invalidez, doença e morte (HORN, 2013).

Dessa forma, em outras culturas, as pessoas idosas eram vistas de diferentes formas:

- China Antiga – como portadores de poder sobrenatural, destacando-se sabedoria/experiência, com um poder centralizado e autoritário;
- Japão – eram enaltecidas; a sabedoria era valorizada pelo acúmulo das experiências vividas e galgadas em sua existência;

- gregos – exceto os filósofos, eram desprezadas e colocadas em serviços subalternos, pois se enaltecia a juventude.
- hebreus – davam importância aos idosos como chefes naturais, destacando-se "Matusalém", que, conforme a Bíblia, teria vivido 969 anos; vida longa era uma bênção;
- romanos – eram privilegiadas, possuindo uma autoridade de *pater familias* ou patriarcas, provocando a ira dos jovens. Com a queda do Império Romano, perderam privilégios. Eram chamados de "patrícios";
- incas e astecas – tratavam os idosos com muito respeito, como se fosse uma responsabilidade pública;
- tribos nômades – em razão dos deslocamentos em busca de alimentos, eram abandonadas no caminho, não tendo proteção e valorização.

Na Idade Média, a velhice era relevante, mas se o idoso desempenhasse papel de manejar a espada, o arado ou o livro de contas, tendo apenas como limite a incapacidade física, suas habilidades o concediam validade e valentia, mesmo com a "idolatria do corpo saudável".

Na Idade Moderna, com a Renascença e a burguesia, a velhice era associada à decadência, pois o corpo era visto como uma máquina; o idoso ganha espaço nas festas com a presidência dos eventos e cresce como proprietário de grandes empresas, pois na velhice atingia o apogeu.

A partir da Revolução Francesa, em meados de 1789, inicia-se a Idade Contemporânea, com as seguintes mudanças:

- a divisão do velho e do enfermo;
- diferenciações entre as faixas etárias, funções, hábitos e espaços;
- o curso de vida começara a seguir e a obter as suas etapas normais e formais, bem como separar ações de grupos etários;
- separação da idade cronológica e visão da velhice e seu reconhecimento;
- a velhice é marcada pela decadência e deterioração do corpo;
- o envelhecimento foi observado por estudos biológicos e fisiológicos;
- reconhecimento da velhice como etapa isolada das outras;
- representação de decadência/declínio e que antecede a morte;
- visão da velhice como negatividade, inquietude, fragilidade, angústia, com concepções falsas, temores, crenças e mitos;
- englobam tempo, cultura e lugar como mecanismos de análise na velhice e suas interferências, pois não se tem uma concepção única ou definitiva da velhice, mas sim incertas, opostas na História;
- formação de novas disciplinas médicas - o corpo passa a ser visto como um estado fisiológico específico, sob o signo da "senescência", inclusive com o surgimento da Geriatria e Gerontologia como disciplinas formais;

- criação de pensões e aposentadorias. No século XX, houve radicais transformações, como o aumento do tempo de vida com o avanço da saúde pública mundial; na sua segunda metade, a velhice é associada à arte do bem viver, com os seguintes aspectos:
  - substituição pelo termo "idoso";
  - pessoas da classe média começaram a se expandir dentro das classes dos aposentados;
  - ideia da velhice como arte de "bem viver";
  - surgimento do termo "terceira idade" e sua publicidade;
  - sensibilidade dos jovens sobre o idoso;
  - busca de respeito aos aposentados.

Apresentando as escolhas para ter uma velhice proativa, várias teorias foram desenvolvidas diante de análises críticas de uma Gerontologia, Geriatria, um estudo social do envelhecimento; não mais estavam presos ao rigor tradicional, mas passaram a declinar boa parte dos pensantes do envelhecimento. Destacando-se, dentre eles, a envelhescência, que é, para Soares (2020), o momento no qual "o sujeito se vê na contingência de ter de pensar na velhice..." e acrescenta: "é um trabalho psíquico necessário para se criar uma experiência – a de viver a velhice".

Apesar disso, os autores não são unânimes sobre qual a idade efetiva dessa fase, mas sempre há o sentido de pessoas que estão abertas a aprendizados.

A pessoa vive em um paralelo entre a sua experiência até a maturidade e o novo que se avizinha.

Como lembra Berlinck (1996), há a redescrição do Narciso primário que, na ótica do sujeito, é vista como a própria geração.

Assim, a pessoa conecta-se aos seus antepassados, desenvolvendo uma análise de sua história, pois é uma sobrevivente e está ficando só, pois alguns entes queridos falecem. Inúmeras pessoas desenvolvem a valorização do tempo nessa etapa. Como lembra o mesmo autor, "a envelhescência é uma recriação do eu diante das exigências pulsionais e as novas exigências do corpo que se aproxima da morte".

Elementos do idadismo, da interseccionalidade e de palavras similares, como ageísmo, ancionismo, anti-idadismo, são vistos em decisões como a da Organização Mundial da Saúde (OMS), que, na última edição da Classificação Internacional de Doenças (CID-11), pontoua velhice como doença, contrapondo-se às lutas e conquistas dessa população (a OMS posteriormente desistiu da inclusão); todo o ciclo natural da vida estaria resumido à vida e à morte, inutilizando a terceira idade e sua importância.

Portanto considerar o envelhecimento como uma saga é elencar e transpor pensamentos e efetivação críticos, enfrentando desafios e obstáculos, seja por meio de busca e proteção jurídica aos diversos tons do envelhecimento, seja pela abordagem dos princípios inerentes a esse desenvolvimento. Isso garante a valentia e a salvaguarda da dignidade do idoso pelos diversos agentes envolvidos: família, sociedade, Estado e o próprio idoso, com sua autonomia, independência e bem-estar, principalmente social, cujo objetivo não seja tornar mais vulnerável o que já se encontra em vulnerabilidade, mas sim que possamos viver em uma sociedade mais justa, solidária e democrática.

Afinal, o envelhecimento é biopsicossial e precisamos viver em igualdade de sonhos, concretude jurídica e idealização de dignidade.

Referências

BEAUVOIR, S. *A velhice*. 2. ed. Rio de Janeiro: Nova Fronteira, 1990.

BERALDO, P. O Brasil teve papel direto na fundação da OMS; entenda o que é a função da organização. *O Estado de S. Paulo,* 01 abr. 2020. Disponível em: <https://saude.estadao.com.br/noticias/geral,brasil-teve-papel-direto-na-fundacao-da-oms-entenda-o-que-e-e-a-funcao-da-organizacao,70003256316>. Acesso em: 18 abr. de 2022.

BERLINCK, M. A envelhescência. *Boletim de novidades da Livraria Pulsional*, v. 9, n. 91, p. 5-8, 1996. Disponível em: <https://www.academia.edu/2012952>. Acesso em: 22 out. de 2021.

BEZERRA, J. *Divisão da história*. Disponível em: <https://www.todamateria.com.br/divisao-da-historia>. Acesso em: 15 out. de 2021.

BRASIL. *Recomendação nº 020, de 09 de agosto de 2021*. Recomenda ações contrárias à inclusão do termo velhice, sob o código MG2A, no capítulo 21 da Classificação Internacional de Doenças (CID-11). Disponível em: <http://conselho.saude.gov.br/recomendacoes-cns/1956-recomendacao-n-020-de--09-de-agosto-de-2021>. Acesso em: 18 abr. de 2022.

DARDENGO, C. F. R.; MAFRA, S. C. T. Os conceitos de velhice e envelhecimento ao longo do tempo: contradição ou adaptação? *Revista de Ciências Humanas*, v. 18, n. 2, 2019. Disponível em: <https://periodicos.ufv.br/RCH/article/view/8923>. Acesso em: 18 abr. de 2022.

DUARTE, L. T. *Envelhecimento: processo biopsicossocial.* 2008 (Monografia). Disponível em: <https://www.psiconet.com/tiempo/monografias/brasil.htm>. Acesso em: 18 abr. de 2022.

ENTENDA qual o cenário do envelhecimento no Brasil. *Comunicare*, 15 maio 2019. Disponível em: <https://comunicareaparelhosauditivos.com/envelhecimento-no-brasil/>. Acesso em: 18 abr. 2022.

FECHINE, B. R. A.; TROMPIERI, N. O processo de envelhecimento: as principais alterações que acontecem com o idoso com o passar dos anos. *Revista Científica Internacional*, edição 20, v. 1, artigo 7, jan./mar. 2012. Disponível em: <http://www.fonovim.com.br/arquivos/534ca4b0b3855f1a-4003d09b77ee4138-Modifica----es-fisiol--gicas-normais-no-sistema-nervo-so-do-idoso.pdf>. Acesso em: 18 abr. 2022.

FRIES, A. T.; PEREIRA, D. C. Teorias do envelhecimento humano. *Revista Contexto & Saúde*, v. 11, n. 20, p. 507-514, 2013. Disponível em: <https://doi.org/10.21527/2176-7114.2011.20.507-514>. Acesso em: 18 abr. de 2022.

GIACOMIN, K. C.; FIRMO, J. O. A. Velhice, incapacidade e cuidado na saúde pública. *Ciência & Saúde Coletiva*, v. 20, n. 12, 2015. Disponível em: <https://www.scielo.br/j/csc/a/L3KCMwZLS5zC98JxL4jqbhP/abstract/?lang=pt>. Acesso em: 18 abr. de 2022.

GONÇALVES, C. D. Envelhecimento bem-sucedido, envelhecimento produtivo e envelhecimento ativo: reflexões. *Estudos interdisciplinares sobre o envelhecimento*, v. 20, n. 2, 2015. Disponível em: <https://seer.ufrgs.br/RevEnvelhecer/article/view/49428>. Acesso em: 18 abr. de 2022.

GUGEL, M. A.; ALCÂNTARA, A. O.; BEZERRA, R. N. Nota Pública de alerta sobre a alteração do CID11 – Velhice não é doença. *Portal do envelhecimento*, 20 jun. 2021. Disponível em: <https://www.portaldoenvelhecimento.com.br/nota-publica-de-alerta-sobre-a-alteracao-do-cid11-velhice-nao-e--doenca/.> Disponível em: <https://www.un.org/development/desa/dspd/wpcontent/uploads/sites/22/2021/03/9789240016866-eng.pdf>. Acesso em: 28 abr. de 2021.

HISTÓRIA da velhice no Ocidente. *Portal do envelhecimento e longeviver*, 19 mar. 2014. Disponível em: <https://www.portaldoenvelhecimento.com.br/historia-da-velhice-no-ocidente/>. Acesso em: 18 abr. de 2022.

KOCH FILHO, H. R. *et al.* Envelhecimento humano e ancianismo: revisão. *Archives of Oral Research*, v. 6, n. 2. Disponível em: <https://periodicos.pucpr.br/index.php/oralresearch/article/view/23181>. Acesso em: 18 abr. de 2022.

LEMOS, D. *et al. Velhice.* Disponível em: <https://www.ufrgs.br/e-psico/subjetivacao/tempo/velhice-texto.html>. Acesso em: 18 abr. de 2022.

LIMA, M. M. A. Corporeidade e envelhecimento: As diversas faces do corpo quando envelhece. *Connection Line*, n. 2, 2007. Disponível em: <http://periodicos.univag.com.br/index.php/CONNECTIONLINE/article/view/149>. Acesso em: 18 abr. de 2022.

NERI, A. L. Conceitos e teorias sobre o envelhecimento. *In*: MALLOY-DINIZ, L. F.; FUENTES, D.; COSENZA, R. M. (orgs.). *Neuropsicologia do envelhecimento: uma abordagem multidimensional*, Porto Alegre: Artmed, 2013. p. 17-42. Disponível em: <https://www.larpsi.com.br/media/mconnect_uploadfiles/c/a/cap_016.pdf>. Acesso em: 18 abr. de 2022.

ROCHA, A. R. Velhice não é doença é tema de campanha de comunicação e conscientização da UnAPI. *Universidade Aberta à Pessoa Idosa*, 17 set. 2021. Disponível em: <https://unapi.ufms.br/velhice-nao-e-doenca-e-tema-da-campanha-de-conscientizacao-da-unapi/>. Acesso: 18 abr. de 2022.

SCORTEGAGNA, P. A.; OLIVEIRA, R. de C. da S. Idoso: um novo ator social. *IX ANPED SUL*, 2012. Disponível em: <http://www.ucs.br/etc/conferencias/index.php/anpedsul/9anpedsul/paper/viewFile/1886/73>. Acesso em: 18 abr. de 2022.

SOARES, F. M. de P. *Envelhescência: o trabalho psíquico na velhice.* Curitiba: Appris, 2020.

TEIXEIRA, L. L. R. T.; SOUZA, R. da F.; LOPES, E. S. S. História da velhice: desejo de manter-se como membros ativos e respeitados da sociedade. *Formar Interdisciplinar*, v. 1, n. 6, 2013, p. 3-9. Disponível em: <http://inta.com.br/biblioteca/images/pdf/artigo-1-n-6.pdf>. Acesso em: 18 abr. de 2022.

VELHICE não é doença. *Sesc SP*, 06 jul. 2021. Disponível em: <https://www.sescsp.org.br/velhice-nao-e-doenca/#:~:text=O%20Sesc%20S%C3%A3o%20Paulo%20acredita,potencialidades%20como%20sujeitos%20de%20direitos>. Acesso em: 18 abr. de 2022.

12

KIT SOBREVIVÊNCIA

O processo de construção do envelhecimento encontra-se relacionado a uma série de fatores físicos, psicológicos, sociais, econômicos e culturais. O *Kit* Sobrevivência vem contribuir para essa construção, sugerindo dez atitudes que podem deixar a mente mais leve, a energia emocional mais estável e o físico mais saudável, servindo como base para uma vida feliz antes do término da nossa biografia.

MARISA STABILITO

Marisa Stabilito

Contatos
maristabili@gmail.com
Facebook: Psicologia a serviço da saúde
Instagram: @marisastabilito_psi
@marystaforever

Especialista em Educação graduada pelo Centro Universitário Adventista de São Paulo (UNASP - 1978). Após 27 anos trabalhados, aposentou-se na Educação (2006). Especialista em Psicopedagogia, graduada pela União Nacional das Instituições de Ensino Superior Privadas (UNIESPE - 2009). Psicóloga graduada pela Universidade Nove de Julho (UNINOVE - 2013). Coautora do capítulo: "Quem conta um conto, tem um ponto – contos bíblicos na terapêutica psicopedagógica". No livro *Práticas de Psicopedagogia em diferentes con(Textos),* 2018. Autora do capítulo: "Comunicação assertiva e educação emocional como fontes de poder pessoal". No livro *Comunicação assertiva – o que você precisa saber para melhorar suas relações pessoais e profissionais* (Literare Books, 2021). É palestrante nas áreas da Saúde e Educação. Uma de suas atividades é ser *networker forever living* (comercializa produtos de aloe vera e suplementos vitamínicos e minerais). Seu objetivo é levar saúde, beleza e bem-estar ao maior número possível de pessoas. Nas horas livres, é poeta e escritora.

Segundo a Organização Mundial da Saúde (OMS), até 2025 o Brasil será o sexto país do mundo em número de idosos. Em 2025, existirá um total de aproximadamente 1,2 bilhão de pessoas com mais de 60 anos. Até 2050, haverá dois bilhões, 80% deles nos países em desenvolvimento. Ainda é grande a desinformação sobre a saúde do idoso e as particularidades e os desafios do aumento da expectativa de vida, uma vez que o envelhecimento se encontra relacionado com uma complexa rede de fatores físicos, psicológicos, sociais, econômicos e culturais.

O aumento da expectativa de vida precisa ser acompanhado pela melhoria ou manutenção da saúde e da qualidade de vida, de modo que as ações, tanto pessoais quanto públicas, promovam modos de viver mais saudáveis em todas as fases da vida.

Este texto pretende trazer a experiência de quem já está na dita "terceira idade" e descobriu algumas maneiras de manter a leveza mental e emocional, adotando posturas que favoreçam um envelhecimento ativo, consciente e livre de certas crises, chatices e transtornos mentais (se possível).

Estou chamando de "*Kit* Sobrevivência" a um conjunto de 10 atitudes que podem deixar a vida mais leve, mais divertida e mais bem-humorada, antes do término da nossa biografia. Vamos lá!

1. Ame a si mesmo(a)

Sabemos que temos vulnerabilidades e virtudes. Retrocessos e avanços. Perdas e ganhos. Dificuldades e facilidades. Descrenças e crenças. Frustrações e alegrias. Medos e ousadias. Derrotas e conquistas. A vida se assemelha a uma gangorra: ora estamos lá em cima, ora cá embaixo. Como disse Caetano Veloso, "cada um sabe a dor e a delícia de ser o que é".

Muitas vezes não fazemos uma viagem para dentro de nós mesmos para conhecermos tanto aquilo que é virtude quanto aquilo que é detestável ou frágil. Não exploramos toda a nossa potencialidade. Não descobrimos caminhos que nos deixam mais alegres, mais leves e mais seguros.

Para refletir: você investe em si mesmo(a)? Você leva uma vida incrível e interessante? Você está envelhecendo de modo ativo, saudável e feliz? Você é a sua melhor companhia?

Adote a 1ª dica: MC – seja sua melhor companhia. (adote esta sigla e as outras que virão abaixo).

2. Livre-se da culpa

Seja gentil com você mesmo(a). "Pegue leve" com as coisas, com as pessoas, com a vida. A culpa é como um saco de batatas apodrecidas que muitos carregam pela vida afora. Quem não resolve seus sentimentos de culpa, alimenta o erro, a ansiedade, a raiva, a agressividade, a violência, o medo, a frustração.

Então, perdoe primeiro a si mesmo(a) para que nada nem ninguém lhe roube a paz, a tranquilidade, o sono, a leveza, a alegria de viver. É preciso enxergar nossos erros como parte de um aprendizado. Se não conseguimos lidar com eles, podemos procurar ajuda profissional com um psicólogo, por exemplo.

O *setting* terapêutico oferece um espaço de escuta para que possamos nos conhecer e compreender as misérias psíquicas que nos afligem. Somos peças frágeis, mas de uma grandeza incomparável. Somos vulneráveis, mas de uma força extraordinária. Somos escravos de nossos conflitos, somos intolerantes e autopunitivos, mas podemos apaziguar as águas das emoções ao usarmos a gentileza, a leveza e a arte do perdão. Então, não se torture. "Pegue leve" com você!

2ª dica: AC – abandone o chicotinho.

3. Governe seus pensamentos

Remova a pedra das crenças limitantes. Estas empacam a vida, tiram o brilho dos olhos e apagam o sorriso dos lábios. A mente fica embotada. Só se vê coisa negativa e na linha da impossibilidade.

Seja autor da sua história. Isto significa enxergar sua grandeza no contexto, sua importância, seus talentos, suas habilidades, desenvolver todas as suas potencialidades, aproveitar as oportunidades e seguir em direção aos seus objetivos. É avançar rumo à construção de sua belíssima história, mesmo que tenha no percurso perdas, luto, separações, divergências, frustrações, indignações, tristezas, choro, raiva, medos, sofrimentos.

Segundo o psiquiatra Augusto Cury, o "eu" é a nossa identidade, que não significa simples pensamentos e emoções, mas a capacidade de analisarmos as situações, duvidarmos, criticarmos, fazermos escolhas, exercemos o livre-arbítrio, corrigirmos rotas, estabelecermos metas, administrarmos as emoções e governarmos os pensamentos.

Este é um elemento muito interessante neste *Kit* Sobrevivência: governar os pensamentos. Quantas vezes temos pensamentos inoportunos, limitantes, destrutivos, negativos, que roubam a nossa paz, nos impedem de avançar, de acreditar no nosso potencial para conquistar aquilo que queremos e dispensar aquilo que não queremos.

Quando não desenvolvemos um "eu" lúcido, crítico, sensato, coerente e assertivo, destruímos a nossa personalidade com traumas, rejeições e abandono do passado ou com as decepções, frustrações e sentimento de impotência do presente. Portanto, busque ajuda profissional (com um psicólogo, por exemplo) para que você saia do lugar de impossibilidades e confusão no qual está para ir em direção à liderança do "eu" e ao governo dos seus pensamentos.

3ª dica: GP – governe os pensamentos.

4. Use o livre-arbítrio

Há muitas pessoas que gostam de aprender coisas novas, estar em ambientes diferentes, estar em contato com pessoas desconhecidas. Gostam de criar, de inovar, de viajar, de aprender, de experimentar, enquanto outras se limitam a seguir o que os pais fazem, falam, comem, passeiam. Pensam que a única maneira correta e boa de "levar a vida" é imitar os pais.

Na Psicologia, isso é conhecido como **identificação arcaica**, ou seja, é um comportamento da pessoa que se identifica com o padrão familiar, segue-o à custa do próprio "eu", pois é fruto do meio onde foi criado. Essa pessoa costuma ouvir a seguinte expressão: "Você está falando ou agindo igual a seu pai". Ou: "Você cozinha igual a sua mãe". Essas ações significam uma repetição de comportamento que é plenamente inconsciente, não perceptível e, muitas vezes, a pessoa nega estar agindo como seus progenitores.

Na Bíblia - livro moral, poético, biográfico, histórico e profético dos cristãos - há um versículo mencionado por Pedro, discípulo de Cristo, que diz: "Sabendo que não foi com coisas corruptíveis, como prata ou ouro, que fostes resgatados da **vossa vá maneira de viver que por tradição recebestes dos vossos pais**, mas com o precioso sangue de Cristo" (I Pedro 1: 18,19).

Pedro já percebia que as pessoas viviam numa tradição familiar sem sentido, por puro comportamento repetitivo. Hoje se observa que, por trás dessa repetição, podem estar pais repressivos, controladores, ameaçadores, que zombam de outras famílias, de outros estilos de vida e dizem que só a sua maneira de viver e ver o mundo é superior e correta.

Muitos filhos desses tipos de pais crescem com medo real e aterrorizante, e entendem que não há espaço para o novo, para a mudança, para a inovação; assim, perdem a chance de desenvolver seu livre-arbítrio, um dos maiores presentes que Deus nos deu. Saiba que o sucesso vem com o poder da escolha, e é construído pelo poder da renúncia: renúncia às repetições das velhas tradições que não dão espaço à renovação, ao novo, à transformação e à intervenção sadia no próprio mundo.

4ª dica: AULA – aprenda a usar o livre-arbítrio.

5. Leia frases afirmativas

Escolha frases que te elevem, te nutram, te marquem, te deem o norte. Escreva-as num papel adesivo e cole-as na porta do guarda-roupa, no mural do seu escritório, no espelho, na agenda...

Frases como: "Sou digno(a) e capaz de alcançar meus objetivos porque estou vivo(a) e mereço viver uma vida incrível", "Vou me comprometer com minha saúde e fazer o que é 'certo' (em oposição ao que é fácil)", "Sou maravilhoso(a), nasci para brilhar", "Eu posso, eu quero, eu consigo".

Pense e escreva palavras e frases que realmente sejam eficazes, maduras, que façam sentido para você, que integrarão sua filosofia de vida. Cada manhã esteja comprometido(a) com essas afirmações. Repita-as para que façam parte da sua rotina diária.

Eu costumo anotar frases significativas de filmes, de livros, de palestras. Tudo o que leio influencia meus pensamentos, aprimora meus hábitos, programa minha mente, conduz minhas ações para que avance rumo ao sucesso em todas as áreas da minha vida.

Henry Ford dizia: "Se você pensa que pode ou pensa que não pode, você está certo de qualquer maneira".

5ª dica: PQP – pensa que pode.

6. Dê um prazo de validade

Dê um prazo de validade para as situações, para o luto, para a tristeza, para a procrastinação, para a indecisão. Afaste-se de ambientes e pessoas tóxicas. Não perca tempo ouvindo notícias ruins, trágicas, nem com conversas desse tipo.

Você tem vida além de um trabalho, de uma festa de casamento, de uma separação, de um divórcio. Enfim, não perca muito do seu tempo em coisas que te consomem, te entristecem e te aborrecem, por isso dê um prazo de validade às situações ruins.

Eu costumo sair para algum evento com prazo determinado para curti-lo. Terminado o prazo, vou embora, porque tenho vida além disso, nem que seja para dormir mais cedo. Se eu não assumir um compromisso comigo hoje de me tornar a pessoa que quero ser para ter uma vida maravilhosa, não posso crer que amanhã ou segunda-feira ou mês/ano que vem eu me comprometa.

É muito comum ouvirmos: "Ih, amanhã eu resolvo isso", "Ah, na segunda eu começo a dieta". Não adie o dia da transformação ou da decisão. Você precisa estabelecer limite para a procrastinação ou para o hedonismo, por isso dê um prazo de validade a essa falta de urgência para melhorar a si mesmo(a).

6ª dica: PV – prazo de validade.

7. Tenha uma rede de apoio e recursos

Tenha uma rede de apoio e recursos para conseguir resolver conflitos, para ajudá-lo(a) a avançar bem em todas as áreas da sua vida. Procure ajuda com psicólogo, mentor, *coach*, médicos, nutricionistas, educadores físicos, esteticistas, a palavra/Bíblia, oração/Deus, livros de autoajuda, filmes, palestras, leituras.

Não fique anestesiado(a), "à toa na praça da vida, vendo a banda passar", buscando se distrair para fugir da realidade. Esta existe e deve ser encarada, mas não sem rede de apoio. Imagino ser um incômodo chegar à velhice, olhar para trás e se entristecer sabendo que poderia ter tido uma vida incrível, significativa e empoderada. Que você poderia ter sido mais, dado mais, feito mais, realizado mais, conquistado mais, compartilhado mais, vivido com qualidade e com muitos motivos para agora agradecer. Aceite ajuda e reivindique sua grandeza para que a mediocridade não seja mais aceitável para você, e sim uma vida extraordinária.

Concretize a 7ª dica: TRA – ter rede de apoio.

8. Vista suas roupas de ginástica

Ao se levantar, não corra para o chuveiro; em vez disso, coloque suas roupas de ginástica e faça atividades físicas matinais. Elas vão te colocar num pico mental, físico e emocional que energizará seu dia.

Nas praças públicas de várias cidades, há aparelhos de ginástica com instruções de uso; se houver na sua cidade, aproveite!

Exercitar a parte física traz benefícios ao corpo, melhora a saúde e proporciona energia e bem-estar em todos os sentidos. Algumas doenças aparecem em decorrência do sedentarismo, da preguiça em investir na saúde física.

Está na hora de garantir a vida que merecemos. Levante-se animado(a), dê "bom-dia" à vida, faça uma pequena meditação/oração, agradeça por estar vivo e pratique atividade física. Se preferir, entre numa academia e tenha um educador físico para "chamar de seu".

Exercite a 8ª dica: 1, 2, 3 e... LA – levante e ande!

9. Libere endorfina

Liberar endorfina significa estar bem, saudável, feliz, confortável, fazendo coisas de que gosta e trabalhando no que traz satisfação e realização. Crie um hábito de premiá-lo(a) todo dia ou toda semana ou todo mês. Separe um canto só seu ou uma poltrona com uma mesa ao lado para você ler um livro, degustar um chocolate ou abrir um presente. Há muitas maneiras de se mimar. Encontre as delícias da vida.

9ª dica: LE – libere endorfina.

10. Saia da zona de conforto

Seu cérebro não gosta de mudança. Esta muitas vezes pode gerar desconforto, desequilíbrio e mal-estar. Como o cérebro quer protegê-lo(a), ele não permite que você avance. Ele impõe medo, promove insegurança e desconfiança. Porém, no lugar das crenças limitantes e do medo, coloque crenças fortalecedoras e...

Viva a 10ª dica: MMA – mude, melhore e avance!

Aqui estão alguns elementos (há muitos mais) do *Kit* Sobrevivência para que vivamos com mais suavidade, tendo um caso de amor com a vida, que merece ser leve, feliz e saudável. Por fim, escolha ambientes que vão agregar valor à sua vida e pessoas que vão despertar o que há de melhor em você.

Referências

BRASIL. Ministério da Saúde. Secretaria de Atenção à Saúde. Departamento de Atenção Básica. Cadernos de Atenção Básica, n. 19. *Envelhecimento e saúde da pessoa idosa*. Brasília-DF: Ministério da Saúde, 2006.

CURY, A. J. *12 semanas para mudar uma vida*. 3. ed. São Paulo: Planeta, 2015.

ELROD, H. *O milagre da manhã – o segredo para transformar sua vida (antes das 8 horas)*. 57. ed. Rio de Janeiro: Best Seller, 2019.

ROCHA, J. A. O envelhecimento humano e seus aspectos psicossociais. *Revista Farol*, Rolim de Moura, v. 6, n. 6, pp. 77- 89, jan. 2018.

WORLD HEALTH ORGANIZATION (WHO). *Envelhecimento ativo: uma política de saúde*. Brasília: Organização Pan-Americana da Saúde, 2005.

13

ESCOLHAM A VIDA

Este capítulo é uma ferramenta preventiva para os leitores terem uma melhoria na qualidade de vida. Respirar de forma correta é um dom da vida, um hábito com o qual nascemos que não necessita ser comprado, mas sim valorizado e cuidado. Também para entendermos que cada órgão tem sua função, ou seja, a boca foi feita para comer e falar, o nariz foi feito para respirar. Se você trocar alguma função, estará tornando-se uma pessoa doente para o resto da vida. Respire como se não estivesse respirando, de forma imperceptível e tenha uma vida plena.

MONIQUE T. CARVALHO

Monique T. Carvalho

Contatos
moniqueodonto275@hotmail.com
Instagram: @dramoniquecarvalho
68 98417 9037 / 68 99259 6556

Formada em Odontologia desde 2010, sempre teve amor em viver com qualidade de vida, buscando formas simples e saudáveis para isso. É ortodontista desde 2014, implantodontista desde 2018 e trabalha com a Odontologia Miofuncional desde 2015. A partir disso, pode defender que aprendeu a olhar o paciente como um todo, como uma área que respeita os princípios de saúde do homem dados por Deus, com todo apoio e investimento do pai, José Maria de Carvalho, na graduação, todo discernimento e bom senso ensinado pela mãe, Rosmeri T. Carvalho, pelo esposo Robson S. da Silva, que sempre a estimulou e a apoiou a correr atrás de conhecimentos; dos filhos Izabela S. Carvalho e Pedro S.M. de Carvalho, que sempre a verão como alguém especial e que faz diferença na vida deles. É grata a todos os amigos de profissão e mestres que contribuíram para a sua bagagem de conhecimentos e a ensinaram a ter respeito pela profissão, em especial ao professor e mestre Dr. Marco Botelho, a quem deve a saúde da sua família e de seus pacientes. Com isso, pôde buscar conhecimento, pois a sede de ajudar o próximo é insaciável.

Odontologia curativa

Há muitos anos, os profissionais da área da saúde vêm tratando os pacientes de forma paliativa, ou seja, tratando o problema já instalado e não se atentando ao porquê desse problema, como surgiu, qual a origem.

Quando iniciam esse tratamento, geralmente corrigem a doença, mas a doença com os anos volta a surgir, simplesmente por ter sido tratada somente o problema e não a causa.

Já estamos tão acostumados a ser medicados, que uma gaveta cheia de medicamentos não é um problema. Muitas vezes envelhecemos e voltamos aos hábitos de um recém-nascido, ou seja, ingerimos alimentos de forma pastosa, lembramos que necessitamos tomar sol, precisamos de água e muito de uma respiração controlada.

Muitas doenças seriam evitadas se cuidássemos melhor de nossos hábitos, como descansar melhor, nos alimentarmos com qualidade, em vez de rasgarmos pacotes de alimento industrializados, tomar o sol de cada dia, respirar pouco e pelo nariz, dormir pelo menos oito horas por dia, pisar de pés descalços na terra.

Estes são hábitos fáceis que, com a modernização e o passar dos anos, foram esquecidos. Hoje somos expostos a todo tipo de tecnologia desde bebês. Digo que somos homens das cavernas modernos, porque acordamos na nossa caverna "casa", pegamos nossa caverna móvel "carro", vamos para o nosso trabalho, outra "caverna", não pegamos sol adequadamente nem nos horários corretos, muito menos na quantidade correta. Nosso sistema imunológico vai de mal a pior por esses hábitos deletérios.

Neste capítulo, vim descrever de forma prática e fácil como podemos retornar aos hábitos melhores e que fazem a diferença em nossas vidas e de quem está próximo.

Faz mais ou menos seis anos que descobri a Odontologia Integrativa e, desde então, entendi que podemos mudar a vida das pessoas de forma positiva e curativa. Quando as funções mudam, ou seja, quando usamos um órgão para fazer o trabalho do outro, há consequências deletérias.

Sabemos que o nariz é feito para respirar; por meio dele, o oxigênio é umidificado, temperado e filtrado. O nariz tem a função de preparar esse oxigênio para que a sua chegada aos pulmões e aos outros órgãos seja adequada. Quando a respiração é feita pela boca, a situação se inverte totalmente.

Na Odontologia Miofuncional, temos a possibilidade de diagnosticar e tratar essa disfunção desde a primeira infância até a terceira idade. Geralmente se inicia com uma avaliação respiratória, pois entendemos que a respiração é a base de todo tratamento, ou seja, sem controle dessa área, o nosso tratamento ficará comprometido.

A respiração deve ser feita de forma suave, lenta e pelo nariz. A analogia que usamos é que se deve respirar como se não estivesse respirando. Quando respiramos de forma correta, o palato se desenvolve de forma correta, dando espaço para o desenvolvimento das arcadas e dentes da boca, pois sua língua estará posicionada de forma correta, assim como todos os músculos que o envolvem.

Ao mudar essa função, ou seja, quando se inicia a respiração pela boca, automaticamente a língua ficará em posição incorreta, entre os dentes inferiores, a posição correta em descanso seria suspensa no palato. Quando isso acontece, o palato não se desenvolve corretamente, tomando um formato ogival. Com isso, há apinhamento dentário, interposição de língua e o adulto terá a famosa mordida aberta. Além disso, desenvolverá ronco, apneia e até distúrbios nas articulações.

Aqui focaremos na terceira idade, principalmente no ronco, na apneia e na disfunção hormonal. Quando diagnosticamos respiração oral em um adulto, já podemos ter certeza de que ele não oxigena o cérebro de forma correta e que também não há uma produção hormonal, ou seja, após uma noite de sono, ele sempre vai relatar que dormiu a noite inteira, mas acordou como se tivesse trabalhado nesse período. Isso acontece em decorrência de uma obstrução da passagem aérea respiratória superior, pois a língua, ao relaxar com o sono, descansa para a parte posterior da boca, havendo essa obstrução. Com isso, o paciente para de respirar por alguns instantes. Nesse momento há hipoxia, falta de oxigênio nos tecidos e no cérebro. Além disso, o cérebro envia vários despertares para que o paciente volte a respirar.

112 | Envelhescência ativa e feliz

Com isso, acontecem vários microdespertares durante o sono. Esses microdespertares não deixam que o paciente entre nas fases importantes do sono, nas quais ocorrem produção hormonal e descanso cerebral, o batimento cardíaco desacelera, a pressão arterial diminui, o corpo se recupera. Quando isso não acontece em decorrência do ronco e da apneia, o paciente passa anos nesse quadro achando que é normal e que isso só prejudica quem está dormindo com ele. Um erro gravíssimo, pois quando o paciente não consegue alcançar essas funções essenciais do corpo humano, o indivíduo tem grandes chances de desenvolver diabetes do tipo 2, depressão, sobrepeso, infarto do miocárdio.

O sono é primordial. Ele possui várias funções, como regulação da temperatura, reposição dos níveis hormonais, modulação do ritmo cardíaco e da pressão arterial e até da sensibilidade à dor. Para o ser humano, ter uma qualidade de sono é tão importante como respirar: é questão de sobrevivência.

Preparo do sono

No nosso dia a dia, nos expomos a vários estímulos, como telas de celulares, computadores, TVs. Essas luminosidades e carga de informações prejudicam o início de uma noite de sono com qualidade. Possuímos ritmos circadianos que são ciclos de 24 horas, responsáveis pela regularização de vários fatores, ou seja, nos sinalizam se é dia ou noite, e como consequência regulam nosso apetite, se estamos com sono e se está na hora de nos sentirmos ativos.

Esse ritmo depende muito daquilo a que somos expostos no horário em que se deveria estar preparando uma noite de sono tranquila. Nosso grande regulador de sono é a vitamina D; necessitamos de exposição ao sol para produzir melatonina, ou seja, o sol ajuda a inibir sua produção de dia e estimula a produção à noite, além de trabalhar na indução da transformação da melatonina em serotonina, o hormônio que nos traz a sensação de bem-estar e felicidade.

De forma muito simples, de acordo com vários estudos feitos, ao pôr do sol, é indicado começar a baixar os sons da casa, tanto do tom de voz como das TVs, rádios etc., ou seja, tudo que possui som. Também é indicado começar a baixar a luminosidade da casa, diminuir lâmpadas e, principalmente, o uso de TVs e celulares.

Existem várias fases do sono. O ideal, além de passar por todas as fases, é também passar o tempo correto em cada uma delas. Para conseguirmos, temos que nos atentar a quais estímulos nos expomos antes de nos deitarmos para dormir. Há casos em que o *déficit* do sono já está instalado há anos.

Dessa forma, fazemos uso da melatonina para induzir um sono de qualidade. É durante um sono de qualidade que produzimos um hormônio chamado GH, que é o hormônio do crescimento; também produzimos a leptina, que é o hormônio responsável em controlar o tecido adiposo e o apetite.

Assim, além de cuidarmos da luminosidade a que somos expostos, há outras medidas terapêuticas, como tomar um banho morno antes de se deitar, ler um bom livro, jantar cedo e comer comidas leves, usar roupas confortáveis e óleos essenciais. Quando esse sono já está muito prejudicado em razão do ronco, devemos usar dispositivos intraorais e terapias miofuncionais.

> *Estamos vivendo o maior experimento da história sobre a privação do sono, e todos nós formamos parte deste experimento.*
>
> ROBERT STICKGOLD, PhD, professor da
> Universidade de Harvard

São distúrbios comuns a dificuldade para iniciar o sono, dificuldade para manter o sono (que pode estar associada a nicotina, drogas, apneia, asma, álcool) e dificuldade para voltar a dormir (idosos, sistema endócrino ou associado à depressão). Temos vários fatores que podem interferir na qualidade do sono, como ansiedade, estresse, tipos de personalidade, deficiências nutricionais. Nas deficiências nutricionais, entram magnésio, cálcio, iodo e complexos de vitaminas.

Também se encaixam nesse quadro má oclusões, como ausências dentárias parciais ou totais, transtornos químicos do sistema nervoso central, drogas e fatores genéticos. Observa-se que quem realmente consegue chegar ao sono profundo não faz bruxismo. O bruxismo tem vários fatores envolvidos, mas uma das hipóteses mais admitidas são as respostas químicas citadas no parágrafo anterior.

A qualidade do sono deveria ser levada a sério, tanto quanto se leva o ato de escovar os dentes ao acordar. Existem pessoas cujas crises de enxaqueca as impossibilitam de trabalhar, estudar e ter uma vida social em virtudes dos vários episódios de dor. Isso se dá quando não se respira direito e não se dorme de forma correta.

Os pacientes com apneia ou hipoapneia obstrutiva do sono têm níveis elevados de cortisol, diminuição da insulina, aumento da glicose no sangue e de citocinas inflamatórias, assim como queda de imunidade, xerostomia, halitose forte, lábios rachados e desequilíbrio hormonal.

Essas informações demonstram claramente que, com todos os dados, anamnese e exames laboratoriais, o cirurgião-dentista hoje tem condições de fechar o diagnóstico e iniciar o tratamento dos seus pacientes tendo como suporte também a terapia hormonal. Entretanto, cabe ressaltar que a modulação hormonal deve ser feita com hormônios bioidênticos, ou seja, cujas moléculas sejam idênticas à nossa e com base nanoestruturada.

Reaprendendo a respirar

Na respiração normal, peito, ombros e estômago mal se mexem, a inspiração e a expiração são silenciosa e a boca está fechada, a menos que se precise comer ou falar. A primeira coisa a se fazer é prestar atenção por onde está respirando. Se for pela boca, já sabe que está incorreto. É necessário reparar essa atitude e iniciar uma respiração somente nasal.

Feche a boca sempre que não estiver falando ou se alimentando. Nem sempre isso será agradável. Você pode sentir um grande desconforto, como se estivesse a ponto de sufocar. Por isso, existe a terapia miofuncional, na qual avaliamos as disfunções e verificamos a necessidade de um dispositivo intraoral a ser selecionado, além de terapia respiratória e mudança no estilo de vida. O objetivo do tratamento é devolver qualidade de vida, incluindo respiração nasal, sono de qualidade e produção hormonal, ou seja, tratar a causa e não somente as doenças já instaladas.

A coisa mais indispensável a um homem é reconhecer o uso que deve fazer do seu próprio conhecimento.
PLATÃO

14

ENVELHECER COM POSITIVIDADE

Vivenciar nossas histórias com positividade e com propósito é como trilhar o caminho da felicidade ao longo dos tempos. Vamos descobrir que seres humanos mais otimistas e positivos têm a tendência de envelhecer com mais energia, disposição, acreditação e, consequentemente, mais felicidade. Tudo isso com a contribuição da Psicologia Positiva em todo o processo de amadurecimento até nosso envelhecimento.

PAOLA ALMEIDA

Paola Almeida

Contatos
paolaalmeidaf@gmail.com
Instagram: almeidapaolaf
LinkedIn: Paola Almeida Frederico
11 95677 1182

MBA em Psicologia Positiva e Desenvolvimento Humano pelo Instituto de Pós-graduação e Graduação (IPOG). Pós-graduada em Didática e Metodologia para o Ensino Superior pela Faculdade Anhanguera (2014). Bacharelado em Secretariado Executivo Bilíngue pelo Centro Universitário Sumaré (2012). Palestrante e coautora do livro *Meu cliente subiu no telhado...e agora?*, publicado pela Literare Books. Trinta anos de experiência como secretária executiva em empresas de grande porte, atuando, nos últimos 17 anos, como consultora de gabinete no Conselho Regional de Farmácia.

Não faças da tua vida um rascunho. Poderás não ter tempo de
passá-la a limpo.
MÁRIO QUINTANA

Partindo do pressuposto de que o processo do envelhecimento começa no dia seguinte ao nosso nascimento, o desafio que nos acompanhará por toda a vida ou seja, como envelhecer com saúde física e emocional em alta, começa imediatamente.

Envelhecer é um processo contínuo e que abrange um conjunto de atividades existenciais que podem ou não caracterizar a felicidade na longevidade.

Há uma clara distinção entre mente e corpo, contudo há de se considerar que não devemos pensar em saúde mental e física em separado. Uma frágil condição de saúde física pode conduzir a um risco maior ao desequilíbrio na saúde mental e vice-versa.

Com foco em um envelhecer bem-sucedido, ter uma saúde satisfatória abrange fatores determinantes, como satisfação em viver, longevidade, ausência de incapacidades físicas e mentais, participação ativa na sociedade, independência e capacidade de adaptação positiva às circunstâncias da vida.

Envelhecimento humano

Os avanços tecnológicos e da medicina e o crescente desenvolvimento econômico e globalizado são fatores influenciadores para uma qualidade de vida mais plena e saudável nas últimas décadas. Envelhecer não significa mais ser "velho" ao pé da letra, já que deixou de ser sinônimo de improdutividade, doença, incapacidade, estagnação e tristeza etc., como outrora se acreditava.

A velhice passou a ser um período privilegiado para enaltecer a busca pela felicidade e são inúmeras as opções que propiciam esse objetivo.

Por meio da prática de atividades prazerosas, como exercícios físicos, aulas de dança, ioga, pilates, *mindfulness*, espiritualidade, viagens e compartilhamento de momentos com amigos, são vários os mecanismos à disposição para cuidar do corpo e da mente.

Entre as possibilidades para uma vida mais satisfatória, destaco os estudos da Psicologia Positiva, que tem como objetivo, entre outros, propiciar a potencialização do bem-estar.

Segundo Peterson (2006, p. 4), "a Psicologia Positiva é o estudo científico do que vai bem à vida do nascimento até a morte e em todas as paradas entre eles", considerando dessa forma todos os acontecimentos que ocorrem com os indivíduos desde o nascimento até o envelhecimento, e todo o seu percurso.

Psicologia Positiva e suas contribuições

A Psicologia Positiva refere-se a um movimento de estudo surgido nos Estados Unidos na década de 1990, tendo como seu precursor Martin Seligman. Segundo seus estudos, a Psicologia Positiva apresenta três pilares: a emoção positiva, o sentido e o engajamento.

As emoções positivas são: gratidão, serenidade, alegria, diversão, interesse, esperança, orgulho, inspiração, admiração e amor.

Quanto ao sentido, trata-se de um fator subjetivo, pois é aquilo que nos motiva; são os motivos que nos dão energia para buscar um bem-estar completo.

O engajamento é nosso envolvimento com as atividades, em especial com aquelas que fazem parte da rotina, também um fator subjetivo e que, assim como as emoções positivas, dependem de motivação interna.

A proposta da Psicologia Positiva é compreender o comportamento humano e a valorização das suas potencialidades, ou seja, evidenciar o que há de melhor em cada indivíduo. Diferentemente da psicologia tradicional, que trata das doenças, suas causas e consequências.

A Psicologia Positiva tem como motivação comprovar que o ser humano pode ter uma vida mais feliz e satisfatória, uma existência profunda e com significado, além de ter criado diversos métodos de treino para a mente ser mais positiva.

Dar vazão às nossas emoções positivas, como para a gratidão, deve ser exercitado no dia a dia até que se torne um hábito e, automaticamente, a felicidade se torne mais duradoura.

Além disso, pelos seus estudos, Seligman comprovou cientificamente as vantagens de ser um otimista, ao mostrar que as pessoas mais felizes possuem mais longevidade (vivem em média 8 anos a mais que os pessimistas), têm saúde acima da média, mais sucesso no trabalho e relacionamentos estáveis, praticam mais exercícios físicos e são mais criativas.

Diversos estudos ao redor do mundo concluíram que na terceira idade as pessoas tendem a ser mais felizes, ao contrário do que pode parecer. O envelhecer não é um problema; é uma etapa da vida como todas as outras, com suas dificuldades e aprendizados, desafios, surpresas e realizações.

A tendência é que a terceira idade, associada à construção de uma vida boa, pautada em relacionamentos saudáveis, atos de coragem e propósitos firmes, seja portadora de uma sensação de missão cumprida e de leveza. É o momento de colocar em prática a famosa expressão "colher o que se plantou".

Se o envelhecer for vivenciado de forma ativa, com autonomia e independência, boa saúde física, com o desempenho de papéis sociais e senso de significado pessoal, pode-se ter uma qualidade de vida muito boa (PASCHOAL, 2013).

Case de felicidade x propósito

Meu melhor exemplo de envelhecer com felicidade e propósito sou eu mesma.

Muito embora não se considere que a terceira idade começa aos quarenta anos, foi a partir dessa época que me transformei em todos os aspectos da vida.

Concluí a minha primeira graduação, uma pós-graduação e um MBA em Psicologia Positiva e Desenvolvimento Humano. Me submeti a uma cirurgia bariátrica e reduzi 40 quilos do meu peso. Divorciei-me após um casamento de 24 anos. Aposentei-me por tempo de contribuição e comprei meu primeiro apartamento. Tornei-me palestrante, escrevi meu primeiro livro como coautora e, nesta ocasião, prazerosamente escrevo o segundo.

Em dez anos mudei meu manequim, meu estado civil, meu nome, meu endereço, meu telefone, meu currículo, meu parceiro.

Aos 50 anos de idade, me sinto mais motivada e criativa do que nunca. Descobri o que me faz feliz de verdade, qual o meu propósito de vida. Sinto-me mais viva do que nunca!

Sem dúvidas, percebo que as limitações vão se aproximando em algumas esferas; entre elas, vejo que as rugas estão se tornando mais evidentes, porém isso significa que tenho muitas histórias para contar.

Todavia, para mim, não fazem o menor sentido frases como: ela AINDA dança, apesar da idade; ela AINDA tem energia, apesar da idade; ela AINDA sonha, apesar da idade; ela AINDA planeja, apesar da idade; ela AINDA estuda, apesar da idade. Porque me sinto muito plena, APESAR da idade.

Sempre fui uma pessoa otimista, que busca olhar com mais evidência para o lado "b" ou "c" das dificuldades, entendendo as aprendizagens que elas me trazem. Fui construindo aos pouquinhos em minha mente onde eu gostaria e poderia chegar ao longo dos tempos.

Após passar por todo esse processo de transformação, acredito verdadeiramente que a maior limitação que o ser humano pode ter é não saber para onde quer ir nem o porquê. Isso chama-se falta de propósito.

Convido a todos para praticar a equação do quanto mais feliz sou, mais feliz serei, pois emanamos a energia que jogamos para o Universo. Somos os autores principais de nossa história e não somente meros coadjuvantes.

Conclusão

O envelhecimento bem-sucedido é norteado por diversos fatores ao longo da existência.

Cuidar do corpo e da mente é primordial para uma qualidade de vida plena e satisfatória.

O processo de envelhecer vivenciado de forma ativa, com autonomia, independência, boa saúde física, relacionamentos interpessoais de qualidade, senso de significado, propósito e otimismo perante a vida tende a nos levar a trilhar caminhos prazerosos e positivos.

A Psicologia Positiva é extremamente valiosa, pois os resultados de diversos estudos demonstraram que a atitude positiva e o otimismo perante a vida nos garantem uma existência muito mais profunda e repleta de significados, o que pode ser sinônimo do que chamamos de FELICIDADE.

Referências

OLIVEIRA, S. de. Contribuições da Psicologia Positiva: bem-estar e promoção da saúde física e mental para pessoas com 50 + idosos. *Revista Longeviver,* n. 10, abr.-jun. 2021. Disponível em: <https://revistalongeviver.com.br/index.php/revistaportal/article/view/893>. Acesso em: 12 ago. de 2021.

PETERSON, C. *A primer in positive psychology.* New York: Oxford University Press, 2006.

PICHLER, N. A. Felicidade no processo de envelhecer. *Revista Kairós Gerontologia,* v. 19, n. 2, 2016. Disponível em: <https://revistas.pucsp.br/index.php/kairos/article/view/35804>. Acesso em: 12 ago. de 2021.

SELIGMAN, M. E. P. *Felicidade autêntica – usando a psicologia positiva para a realização permanente.* Rio de Janeiro: Objetiva, 2004.

SELIGMAN, M. E. P. *Florescer: uma nova compreensão sobre a natureza da felicidade e do bem-estar.* Rio de Janeiro: Objetiva, 2011.

SILVA, M. S.; ROBERTO, N. T. S. O envelhecimento humano na perspectiva da Psicologia Positiva. *In*: EDITORA POISSON (org.). *Tópicos em ciências da saúde*, v. 13. Belo Horizonte: Poisson, 2019. Disponível em: <https://www.semanticscholar.org/paper/O-envelhecimento-humano-na-perspectiva-da--positiva-Silva-Roberto/dfa835eae0e3250c56349ac50741fd42a298aa3d>. Acesso em: 12 ago. de 2021.

15

TREINAMENTO FUNCIONAL PARA IDOSOS

A NOVA FONTE DA JUVENTUDE

Neste capítulo, vamos mostrar por que essa modalidade tão específica denominada treinamento funcional (TF) pode ser extremamente benéfica, principalmente para a terceira idade. Também demonstraremos como avaliar se o objetivo proposto está sendo atingido.

RAFAEL FERREIRA ALVES

Rafael Ferreira Alves

Contatos
www.rfalife.com.br
rafael@rfalife.com.br
Instagram: @rfalife
Facebook: @Rfalife1
YouTube: rfalife

Bacharel em Educação Física formado pela Universidade Paulista (UNIP), CREF: 164586-G/SP, certificação em Treinamento Funcional pela empresa Double H Consultoria e Treinamento Ltda., com o Prof. Zózimo Lisboa. Certificação em curso de Hidroginástica e Hipertrofia na Água pela empresa Double H, com o Prof. Claudio Scorcione. Certificação em curso de Natação para Recém-Nascidos pela empresa Double H, com o Prof. Caio Gracco. Estágio de 80 horas no Instituto Rainha da Paz, ministrando aulas de educação física adaptada para crianças e adultos jovens com deficiência. Estágio pela UNIP (Projeto Vida Ativa), treinamento funcional para idosos. Idealizador da empresa e do método RFA LIFE, do Programa Idoso Ativo. Professor na empresa Body Care Fit, responsável pela implantação do Programa Idoso Ativo. Colunista periódico sobre o tema saúde e bem-estar na empresa Observatório do Terceiro Setor.

Introdução

Este capítulo discorrerá de forma objetiva como o exercício físico planejado (EFP) entrega inúmeros benefícios para as nossas vidas, mas principalmente para a vida dos idosos, inclusive considerando a pandemia e as doenças crônicas não transmissíveis (DCNTs). Vamos abordar mais especificamente a metodologia RFA-LIFE, um trabalho que faz a junção da modalidade treinamento funcional (TF) com avaliações físicas e de saúde, que conta com aulas teóricas sobre o tema saúde na terceira idade e ainda segue rígidos protocolos de segurança contra a Covid-19, entre outras doenças. Não é novidade que o EFP é indispensável para a vida de qualquer indivíduo, em especial para a população idosa, que deseja sempre estar autônoma, independente.

Conceito

Vamos conceituar alguns termos técnicos utilizados pela área da Educação Física e, assim, facilitar ainda mais a leitura do capítulo:

• Atividade física – segundo a Organização Mundial da Saúde (OMS), atividade física é todo movimento produzido pelo corpo cotidianamente, como, por exemplo: varrer a casa, lavar a roupa, correr para pegar o ônibus, subir escadas, pular, nadar, andar de bicicleta, jogar bola, entre muitas outras.
• Exercício físico – a OMS classifica como um subproduto da atividade física. Trata-se de uma prática planejada, que tem sequência, repetições, séries. O objetivo principal é a melhoria do condicionamento físico, da saúde física e mental; consequentemente, contribui para a execução dos afazeres da vida diária (atividade física).
• Treinamento funcional – modalidade de treinamento que geralmente trabalha com o peso corporal, sem a utilização de equipamentos e acessórios, com o objetivo de corrigir os movimentos, a postura, melhorar a *performance* das capacidades físicas, coordenativas e cognitivas, como: andar, correr, pular, empurrar, puxar, entre outras.

- DCNTs – doenças crônicas não transmissíveis. Alguns exemplos: cardiopatias, diabetes, acidente vascular cerebral, pressão alta, obesidade, câncer e doenças crônicas respiratórias.
- Senescência – é o nome dado ao processo de envelhecimento, um fenômeno complexo, variável, irreversível, natural e interdisciplinar (biológico, psicológico e social), estudado por várias áreas da saúde.

População

Em dezembro de 2020, a OMS informou que 7 entre 10 mortes no mundo são atribuídas às DCNTs. Somado a isso, foi estimado o total de 1,5 milhão de vidas perdidas para a Covid-19. Como já é sabido por todos, o principal grupo de risco nesses casos é a população idosa (a partir de 60 anos nos países subdesenvolvidos e em desenvolvimento e a partir de 65 anos nos países desenvolvidos). Contudo, observando que essa população já ultrapassa os 32 milhões de pessoas aqui no Brasil, segundo o Instituto Brasileiro de Geografia e Estatística (IBGE), e tende a crescer muito mais, dado o aumento da expectativa de vida e a baixa taxa de fecundidade entre os mais jovens, precisamos de um plano para cuidar da qualidade de vida dessas pessoas. Conforme a própria OMS, esses indivíduos estão vivendo mais, porém com mais incapacidades.

É por isso que o EFP é um dos principais fatores de melhoria da qualidade de vida para o idoso. O que demonstraremos aqui é uma técnica que, inclusive em tempos de isolamento social, tornou-se a salvação para esse grupo há muito tempo marginalizado. Praticamente impedidos de sair de casa e, em muitos casos, afastados do convívio familiar, observou-se o agravamento de problemas não só relacionados à parte física desse grupo, mas também ao comprometimento da saúde mental, o que acelerou ainda mais o envelhecimento desses indivíduos, pois estamos falando de um processo biopsicossocial, ou seja, os aspectos biológicos, psicológicos e sociais contam e muito nesses casos.

Resumo do método

Durante a pandemia, para poder atender os idosos que estavam em situação de isolamento, criamos produtos e protocolos de forma a mantê-los ativos, porém seguros. Surgiu, então, a metodologia RFA LIFE com o Programa Idoso Ativo, que consiste em:

- Aulas e dicas de tecnologia para capacitação desses indivíduos no manuseio de equipamentos digitais como celulares, computadores, *tablets* e seus aplicativos.

- Atendimento on-line (chamadas de vídeo) para preenchimento de ficha de anamnese e relatório de qualidade de vida da OMS.
- Visita presencial (protocolo Covid-19) para coleta de dados de saúde (peso, altura, pressão e saturação sanguínea, teste glicêmico e aferição do índice de massa corpórea - IMC) e aplicação de testes físicos.
- Prescrição do treinamento físico.
- Gravação de vídeos dos exercícios físicos para atendimento virtual.
- Informativos semanais com sugestões gerais de saúde para manter a independência e a qualidade de vida em bom nível.
- Acompanhamento e manutenção dos treinos baseado em avaliações físicas periódicas, com relatórios de resultados para analisar a evolução do trabalho.

Modalidade

Vale lembrar que estamos falando de um método específico, porém todos os tipos de EFP, em qualquer modalidade, seja musculação, seja natação, dança, corrida, ciclismo, lutas, entre muitas outras, são benéficos desde que ministrados por um profissional capacitado.

A escolha do treinamento funcional (TF) não foi aleatória. O TF teve origem na década de 1950, nos Estados Unidos, em salas de fisioterapia na reabilitação de atletas lesionados. Com o passar dos anos, percebeu-se que essa prática poderia ser benéfica em outras tantas situações. Observando seu conceito, essa modalidade pode ser praticada em qualquer local, sem equipamentos e acessórios sofisticados, o que permite que qualquer pessoa possa usufruir de seus benefícios.

Detalhamento do processo

Iniciaremos os procedimentos partindo de uma ficha de anamnese e um relatório para avaliar a qualidade de vida. São várias as referências na literatura que apontam a importância de relatórios de anamnese como o primeiro passo em uma avaliação física, principalmente em se tratando do indivíduo idoso. A avaliação pré-participação sugere uma triagem inicial para verificar se esses indivíduos estão aptos a um programa básico de exercícios. Nesse caso específico, o preenchimento deve ser feito pelo próprio indivíduo. Uma única resposta positiva, revelando qualquer doença, o submeteria a avaliações médicas pontuais.

Um dos testes mais utilizados é o PAR-Q. Criado na década de 1970, no Canadá, inicialmente com 19 questões, foi sendo revisado até ter um formato simplificado com 7 itens. A última versão do PAR-Q, denominada RPAR-Q, foi aprovada pela Health Canada e pela Canadian Society of Exercise Physiology (1994), assim como pelo American College of Sports Medicine (2006).

Porém, aconselhamos que cada programa adapte o formato do seu relatório, sempre observando as características do seu grupo. Essa avaliação é válida por seis meses, tornando-se inválida mediante alteração em qualquer item.

Com a anamnese, é preenchido o WHOQOL-bref, questionário referente à qualidade de vida, elaborado pela OMS. É uma versão denominada resumida, contendo 26 questões, já que o questionário completo contém 100 questões e é bem complexo. Esse relatório fornece indicadores importantes em relação à vida desses indivíduos. Já os testes físicos são fundamentais para medir a força, a flexibilidade, a agilidade e a resistência de todos os participantes do programa e têm como objetivo principal medir a evolução do processo.

Teste de caminhada de 6 minutos (TC6)

Este é um teste simples para ambos, avaliado e avaliador, sendo necessário apenas um local com uma distância mínima de 50 metros com superfície plana. Para o avaliador, são necessários um cronômetro, uma trena de medidas, papel e caneta para fazer as marcações relativas à distância percorrida no tempo total de 6 minutos, na maior velocidade tolerada pelo avaliado (andando). Terminada a atividade, são aferidos os batimentos cardíacos e a quantidade de respirações por minuto, comparando esses dados com o indivíduo em repouso para medir quanto tempo depois da atividade a taxa metabólica basal retornará à condição inicial.

Embora este teste seja considerado submáximo, avalia respostas que envolvem todos os nossos sistemas (pulmonar, cardiovascular, unidades neuromusculares e metabólicas).

Teste de força de membros superiores e inferiores

O teste de força para membros superiores consiste em avaliar o máximo de vezes que o indivíduo flexionará o cotovelo segurando na mão um halter de 2 kg, para mulheres, e 4 kg, para homens, durante 30 segundos. O indivíduo em pé deverá efetuar o teste com o braço direito e o esquerdo, respectivamente. Valor de referência: faixa de risco, menor que 11 repetições.

No teste de força para membros inferiores, o avaliado deverá estar sentado em uma cadeira sem apoio de braços, para que não utilize qualquer apoio. Ele deverá cruzar os braços, colocando as mãos na altura dos ombros, e fará repetidamente o movimento de sentar e levantar o máximo de vezes que conseguir, durante o tempo de 30 segundos, em um movimento similar a um agachamento. Valor de referência: faixa de risco, menor que 8 repetições.

Teste de flexibilidade de membros superiores de sentar e alcançar

Para medir a flexibilidade de membros superiores, utiliza-se o teste de alcançar atrás das costas, que consiste em colocar uma das mãos no mesmo ombro com a palma aberta voltada para a parte posterior das costas, tentando ao máximo alcançar o meio das costas. Já a outra mão deverá ser colocada por trás das costas com a palma voltada para fora, tentando, no máximo de esforço possível, encontrar ou até sobrepor os dedos médios das mãos. Valor de referência: faixa de risco em mulheres, menos que 5 centímetros e, para os homens, em menos de 10 centímetros.

No teste de sentar e alcançar, o procedimento deve ser realizado com o banco de Wells. Neste caso, o avaliado senta-se com as pernas estendidas e com os pés descalços encostados no banco de Wells, que nada mais é do que uma plataforma com uma régua, que medirá o esforço de flexão de quadril e tronco desse indivíduo, com as mãos sobrepostas e os braços estendidos, levando as mãos sobre a régua do banco, no maior esforço possível e na amplitude máxima do movimento. Deverá manter a posição por até dois segundos. Essa tarefa deverá ser efetuada três vezes e será considerada a melhor medida. Valores de referência: são os mesmos dos membros superiores.

Teste de agilidade e equilíbrio (*Timed up and go test* – TUG)

Este teste avaliará a mobilidade e funcionalidade do indivíduo. Neste caso, o indivíduo estará sentado em uma cadeira, com um cone a 3 metros de distância da cadeira. O avaliado terá que se levantar, sem o apoio das mãos, andar até o cone, contorná-lo e voltar a se sentar no menor tempo possível. Também realizado em três tentativas, somente será considerado o melhor resultado. Valor de referência: faixa de risco, tempos maiores que 10 segundos para homens e mulheres.

Conclusão

Este conteúdo foi elaborado por meio de pesquisas e trabalho de campo, possibilitando a criação do Programa Idoso Ativo. Nosso objetivo principal é atender com a máxima excelência e, assim, permitir que esses indivíduos mantenham-se autônomos, integrados à sociedade, desfrutando de uma vida plena dentro das limitações impostas pela idade. O programa-piloto atendeu mais de 60 participantes, entre homens e mulheres, e os resultados apurados demostram um ligeiro retardo no processo de senescência, ou seja, metaforicamente a nova fonte da juventude. Portanto, é obrigação de todos levar este conteúdo para o público idoso, sejam eles nossos familiares, sejam amigos próximos ou apenas conhecidos. Além de salvar vidas e dar mais independência a eles, melhoramos a qualidade de vida de todas as famílias, que muitas vezes perdem sua liberdade quando há um familiar em condição de dependência, seja física, seja psicológica ou social.

Referências

D'ELIA, L. *Guia completo de treinamento funcional*. São Paulo: Phorte, 2013. p. 8-24.

FARINATTI, P. T. V. *Envelhecimento, promoção da saúde e exercício: bases teóricas e metodologia*. Barueri: Manole, 2008.

MARTINEZ, B. P., *et al*. Segurança e reprodutibilidade do teste Timed Up and Go em idosos hospitalizados. *Revista brasileira de medicina do esporte*, v. 22, n. 5, set./out. 2016. Disponível em: <http://www.scielo.br/pdf/rbme/v22n5/1517-8692-rbme-22-05-00408.pdf>. Acesso em: 19 abr. de 2022.

NUNCIATO, A. C.; PEREIRA, B. C.; SILVA, A. B. Métodos de avaliação da capacidade física e qualidade de vida dos idosos: revisão de literatura. *Saúde em revista*, v. 12, n. 32, p. 41-48, set.-dez. 2012. Disponível em: <https://www.metodista.br/revistas/revistas-unimep/index.php/sr/article/viewFile/213/1000>. Acesso em: 19 abr. de 2022.

OMS revela principais causas de morte e incapacidade em todo o mundo entre 2000 e 2019. *Organização Pan-Americana de Saúde*, 2020. Disponível em: <https://www.paho.org/pt/noticias/9-12-2020-oms-revela-principais--causas-morte-e-incapacidade-em-todo-mundo-entre-2000-e>. Acesso em: 29 out. de 2021.

SIGNORI, L. U. *et al*. Efeito de agentes térmicos aplicados previamente a um programa de alongamentos na flexibilidade dos músculos isquiotibiais encurtados. *Revista brasileira de medicina do esporte*, v. 14, n. 4, jul./ago. 2008. Disponível em: <http://www.scielo.br/pdf/rbme/v14n4/v14n4a01>. Acesso em: 19 abr. de 2022.

16

ATÉ QUANDO VOCÊ VAI ACEITAR VIVER NO PILOTO AUTOMÁTICO?

Quantas vezes você planejou de fato a sua vida? Em uma sociedade repleta de tabus, raros são os que falam sobre aposentadoria, custos e estilo de vida, longevidade, saúde e morte. Você quer uma boa notícia? Sim, você vai viver muito mais do que os seus pais. Você quer um alerta? Você precisa desse planejamento.

RAQUEL RABELO FERRARINI

Raquel Rabelo Ferrarini

Contatos
www.raquelrabelo.com.br
Instagram: @proposito_e_carreira

Psicóloga graduada pela antiga Universidade São Marcos (2004), com MBA em Recursos Humanos pela Fundação Instituto de Administração (FIA), especialização em Estratégias de Transformação pela London Business School (Londres) e em Estratégias de Negócios pelo INSEAD (Fountainebleau/França). Especialista em Terapia Cognitivo-comportamental (CETCC), pós-graduada em Psicologia Positiva pela Pontifícia Universidade Católica do Rio Grande do Sul (PUC-RS) e certificada em *Coach* Executivo e *Life Coaching* pelo Integrating Coaching Institute (ICI). Mais de 22 anos de atuação executiva em recursos humanos de grandes empresas. Especialista em carreira com foco na felicidade e no bem-estar. Mãe de gêmeos e apaixonada pelo viver com equilíbrio.

Você já parou para pensar nas escolhas reais que fez até agora? Você escolheu ou a vida te levou até elas?

Falar sobre felicidade no trabalho é novidade; o foco por muito tempo era a satisfação com os resultados que ele te proporcionava, geralmente algo material (uma casa melhor, um novo carro).

Quando você sabe o que deseja alcançar, canaliza a sua energia para isso. Afinal, como diria Friedrich Nietzsche, "se você tem um porquê para viver, você pode suportar quase todos os comos".

E assim iniciamos uma jornada: estudamos, trabalhamos para nos manter equilibrados financeiramente e para prover o que entendemos ser o "melhor"para quem amamos.

As necessidades (reais ou sociais) se renovam; assim, fazemos novos investimentos focados nessa evolução.

Por mais de 20 anos como executiva de recursos humanos (RH), vi pessoas se orgulhando de não saírem de férias por anos consecutivos. Uma visão deturpada do que é ser produtivo, porém reconheçamos o fato de que por anos essa visão foi incentivada abertamente definindo o estereótipo do "profissional herói incansável e inabalável de sucesso".

Vivemos essa rotina sem perceber que a fome tem horário marcado, o intestino funciona conforme a agenda, o sono é administrado conforme o volume de atividades planejadas para o dia. Os momentos de lazer são raros.

Postergamos a maternidade para não atrapalhar a carreira. Relacionamentos terminam, já que o(a) parceiro(a) não compreende que preciso trabalhar e cobra momentos de prazer. Nosso número de telefone, e-mail e carro pertencem a uma organização.

Vivemos tudo ao mesmo tempo, em certa harmonia caleidoscópica que a vida até então apresenta. No ápice da adaptação a esse estilo de vida, satisfeitos com os planos até então definidos e atendidos, vemos um caso ou outro de um colega que foi demitido apesar de não aparentar baixa *performance*, mas a idade começa a aparecer e ele "destoa" no ambiente. Isso assusta, mas... "ah, comigo será diferente".

Pensamos que, com o que temos para receber na aposentadoria, vamos viver bem. Sonhamos em nos mudar para o litoral ou interior, abrir um pequeno comércio, viajar. Às vezes esse sonho tem até data marcada, como se fosse uma motivação extra para seguir em frente, o seu "porquê" que suporta tantos "comos".

Um dia, você acorda e vai trabalhar e, de repente, sente um tranco: você foi demitido e, como mais da metade dos trabalhadores no perfil do estudo que fiz, é surpreendido com a notícia da demissão. As empresas ainda são muito resistentes a falar sobre planejamento de aposentadoria (outro velho tabu).

Este é o ponto que o indivíduo no auge dos seus 55-60 anos, com saúde, energia, perspicácia e experiência, percebe que o piloto automático deixou de funcionar.

É nessa hora que muitos dos grandes profissionais que passaram anos inseridos em grandes corporações e atualizados sobre as tendências mundiais de um determinado segmento econômico percebem que se mantiveram atentos a muitas coisas, porém deixaram de lado o planejamento concreto de suas vidas.

A expectativa de vida no Brasil aumentou. Se viver 50 anos era muito em 1950, hoje a expectativa de vida se aproxima dos 80 anos. De acordo com o Instituto Brasileiro de Geografia e Estatística (IBGE), passaremos de 16% da população brasileira com mais de 60 anos em 2020 para 30% em 2050.

Enquanto a França levou 115 anos para dobrar de 7% para 14% a proporção de 60+ na população, o Brasil fez isso em menos de 20 anos.

A sociedade, as organizações e as pessoas precisam se preparar para essa realidade.

No estudo que fiz, observei dois grandes grupos entre aqueles que encerram a sua carreira executiva. Para ficar mais clara a diferença, vou denominá-los "grupo privilegiado" e "grupo preocupado".

O "grupo privilegiado" é aquele que dedicou tempo para um planejamento mais longínquo, tinha um foco estabelecido, fez prováveis ajustes no estilo de vida da família e escolhas para chegar nesse momento mais preparado. Esse grupo é aquele que conseguiu poupar o suficiente para seguir a vida pós-corporativa ou que ousou um empreendimento em paralelo ao corporativo e se vê tranquilo financeiramente e disposto a repensar caminhos e avaliar novos passos. Igualmente importante, já planeja o que fazer com o tempo livre que passará a ter. Faz algumas contas e percebe que ok, dá para realmente viver de uma forma diferente a partir de agora.

Já o "grupo preocupado" se caracteriza por aquele que viveu de fato no automático, sem um planejamento futuro estruturado. Aquele que, apesar de ter feito alguns planos, não se dedicou a analisar sua viabilidade real. Considera que tem em média mais 25 anos de vida, porém, como optou por ter filhos mais tarde em razão das possibilidades de crescimento de carreira, os filhos ainda dependem financeiramente dele. Se dá conta dos altos custos da saúde ao ver que as despesas do plano médico para a família agora entram significativamente nas despesas do mês. Para os que têm familiares idosos, mais um ponto talvez não considerado naquele plano da "casa no litoral ou interior": eventualmente será preciso prover cuidados básicos para alguém que precisa de suporte. São tantas variáveis que podem surpreender quem viveu no automático. Mas quero chegar ao fato em si: é percebida a necessidade da manutenção do trabalho como uma fonte de renda, porém talvez haja uma nova surpresa: perceber que o mercado, em sua maioria, simplesmente fecha as portas para esse grupo.

A doutora em Antropologia e ativista do envelhecimento Mirian Goldenberg, apresentou, em TEDx apresentado em 2019, o resultado de um estudo, utilizando-se de entrevistas com 5 mil homens e mulheres, de 18 a 96 anos, intitulado *Corpo, envelhecimento e a felicidade*. O resultado desse estudo demonstra que homens e mulheres lidam com o envelhecimento de forma diferente. Homens sentem medos relacionados ao seu papel social, em deixar de ter um sobrenome corporativo, dos amigos do dia a dia e, especialmente, de sua função de provedor. As mulheres, diferentemente, se libertam e aprendem, entre outras coisas, a dizer "não", a olhar mais para si mesmas, se permitem ser mais felizes. Ainda nesse estudo, ela mostra que as taxas de depressão e suicídio entre homens acima dos 70 anos crescem a cada ano no Brasil.

Mirian Goldenberg, em outro TEDx em 2020, falou que suas pesquisas a levaram a concluir sobre a riqueza que representa o tempo, sendo este o nosso principal valor. E nesse contexto, qual é o seu propósito e significado? Isso faz com que você use o seu tempo bem e estabeleça limites e prioridades, gerando a coragem de dizer "não" e de ser capaz de cumprir os seus propósitos.

Outra fonte que traz uma relevante e profunda reflexão é Ana Claudia Quintana Arantes, em seu livro *A morte é um dia que vale a pena viver*, lançado em 2019. Médica e reconhecida por seus trabalhos com cuidados paliativos, ela menciona um dos grandes arrependimentos das pessoas que estão conscientes da proximidade da morte: "Elas trabalham loucamente para ter, para acumular. Acumulam não só bens materiais, mas também mágoas e crises" (ARANTES, 2019, p. 140). Ela vai ainda mais fundo: "o que causa o verdadeiro arrependimento é precisar usar máscaras para sobreviver no ambiente profissional". Trazendo elementos adicionais, ela fala daqueles que amam suas vidas profissionais, estão adaptados de tal forma que não conhecem quem são de fato. Estas são aquelas pessoas que "quando se aposentam, é como se morressem".

Um estudo realizado pela Mercer durante o Fórum Econômico Mundial 2020, em Davos (MERCER, 2020), trouxe como resultado as seguintes ações como necessárias por parte dos indivíduos que visam viver melhor nessa nova e expandida realidade.

Considere olhar para elas como o seu plano de ação:

- Desbloqueie fontes adicionais de receita alternativas.
- Repense seu estilo de vida e planeje como família.
- Desenvolva um plano de vida de longo prazo baseado nas suas características pessoais.
- Gerencie seus planejamentos futuros, orçamentos e gastos.
- Maximize benefícios relacionados ao trabalho.
- Invista nas suas habilidades e aprendizados.
- Desfrute o tempo e tenha flexibilidade para fazer coisas de que você gosta.

Diferentes fontes levam a caminhos congruentes: planejamento, estilo de vida, habilidades. Nada aqui vem do "piloto automático"; tudo requer um exercício interno importante.

Outra pesquisa, dessa vez realizada pela Bradesco Seguros e intitulada *Diálogos da longevidade em 2018*, mostrou que 82% dos entrevistados com mais de 60 anos se preocupam com o futuro e 69% dizem ter atualmente uma condição financeira menos favorável do que imaginavam ter nessa idade. Apenas 35% têm algum dinheiro guardado (FUNDAÇÃO DOM CABRAL, 2020).

Alinhado a esse conceito e com a pergunta que dá o nome a este capítulo, quando o "piloto automático" deixa de funcionar, o ciclo corporativo se encerra e você precisa fazer novas escolhas, a vida te pergunta: o que vai te fazer acordar e se sentir realizado? O que te faz feliz?

Não existe nada de utópico em pensar em múltiplas carreiras, iniciando uma delas após os 50 anos, ou bem antes disso, em paralelo com suas atividades corporativas; inclusive já existe um termo para isso: *slash career*, apresentado pela americana Marci Alboher em seu livro lançado em 2007, *Uma pessoa/*

múltiplas carreiras: um novo modelo para sucesso no trabalho/vida, e que vem ganhando força a cada dia.

Não raro, pessoas descobrem seu verdadeiro propósito de vida após os 50 anos. De forma muitas vezes despretensiosa, começam a fazer coisas que lhes trazem prazer e realização e, quase sem perceber, transformam uma paixão em ofício.

Nessa linha, a história mostra empreendedores que começaram algo novo depois dos 50 anos. Henri Nestlé, o fundador da Nestlé, aos 52 anos, motivado pelos problemas de desnutrição infantil, inventou a farinha láctea. Outro caso famoso foi o de Ray Kroc, que também aos 52 anos encontrou uma pequena lanchonete chamada McDonald's e, por sua eficiência na operação dos processos, a transformou em um ícone mundial. Mais um caso é José Saramago, que passou a maior parte da sua vida trabalhando em jornais, como diretor ou como escritor. Quando já tinha 53 anos, resolveu se dedicar apenas à escrita dos seus romances e deixou obras memoráveis.

Claro que os exemplos que citei ilustram nomes de personalidades que alcançaram certamente muito mais do que poderiam sonhar ou mesmo que idealizaram. Isso acontece por diversos fatores, mas sem dúvida é o momento que a pessoa permite transformar em ofício uma paixão, um prazer, uma habilidade natural.

Como já mencionado, os impactos financeiros e sociais dessa fase são muito significativos para grande parte da população, que sofre ao chegar nessa etapa da vida. Dados do Ministério da Saúde de 2020 (que já incluem o impacto da pandemia da covid-19) verificaram a elevada proporção de ansiedade (86,5%) nesse grupo.

O meu objetivo é sensibilizar aqueles que seguem imersos (às vezes quase submersos) no mundo corporativo para o que realmente importa na vida. Luiz Gaziri, no livro *A ciência da felicidade* (2019), menciona algo de extrema importância para o começo de uma reflexão mais profunda:

> Ao entender o impacto negativo da busca pelo dinheiro e pelos bens materiais, e ao deixar de acreditar no mito que esses fatores geram maior motivação e felicidade, você automaticamente deixa de ser menos materialista e a não se comparar com aqueles que têm mais dinheiro e bens.

Obviamente, a preocupação em ter uma renda, em poupar para uma vida mais longínqua é importante, e muito! Porém, o estilo de vida que você escolhe ter ao longo da vida, os valores que você vive e compartilha na sua família, o que realmente significa prazer e realização para você é algo que precisa ser pensado muito antes da aposentadoria.

Martin Seligman, no livro *Felicidade autêntica,* aborda a relevância do significado. Nos questionar sobre o significado da nossa vida é algo muito poderoso e completamente transformacional. No mesmo livro, ele fala sobre as emoções positivas relacionadas ao futuro, que são: a fé, a confiança, a esperança e o otimismo.

A certeza de que o quanto antes mergulharmos nesse "eu" complexo e repleto de forças capazes de nos suportar nessa grande aventura do autoconhecimento, mais chances teremos de construir um amanhã melhor.

Fazemos escolhas a todo instante, podemos escolher ser gratos por conquistas e oportunidades, reconhecer seus valores e motivadores, estabelecer um sentido, um propósito para viver, reconhecer a finitude da vida e as escolhas diárias que temos de transformar, seja lá o contexto que for. Alguns passos já começaram a ser dados nessa direção, vide o interesse e a forma como a aula mais concorrida de Harvard, conduzida pelo professor Tal Ben-Shahar, deixou claro: a felicidade leva ao sucesso e não o contrário.

Ainda é muito desafiador concorrer com a grande mídia que, somadas as faltas emocionais, dissemina o estímulo constante ao consumo, reforça que o cargo mais alto é sinônimo de sucesso, e com as fotos perfeitas nas redes sociais, fecha o falso ideal de vida das pessoas felizes e de sucesso.

Te convido a embarcar em uma escolha transformacional e ser parte de uma onda positiva que aponta uma forma diferente e poderosa de alcançar o real sentido da palavra **felicidade** e de desfrutar uma vida mais longa e mais leve.

Referências

ARANTES, A. C. *A morte é um dia que vale a pena viver*. Rio de Janeiro: Sextante, 2019.

BRADESCO SEGUROS. *Diálogos da longevidade.* 24 abr. 2019.Disponível em: <https://www.bradescoseguros.com.br/clientes/noticias/noticia/PESQUISA-DE-LONGERATIVIDADE>. Acesso em: 19 abr. de 2022.

FUNDAÇÃO DOM CABRAL. *FDC Longevidade: pessoas*. Nova Lima, MG: Fundação Dom Cabral; Belo Horizonte: Unimed Minas Gerais; [S l.]: Hype 50+, 2020. (FDC Longevidade, 1). Disponível em: <https://materiais. hype50mais.com.br/fdc-longevidade-pessoas?utm_campaign=resposta_auto-

matica_da_landing_page_evento_fdc_longevidade_-_eixo_sociedade&utm_medium=email&utm_source=RD+Station>. Acesso em: 19 abr. de 2022.

GAZIRI, L. *A ciência da felicidade*. Barueri: Faro Editorial, 2019.

MERCER. *Redesigning later life*. Fórum Econômico Mundial 2020, Davos. 2020. Disponível em: <https://www.mercer.com/our-thinking/career/redesigning-later-life.html>. Acesso em: 19 abr. de 2022.

SELIGMAN, M. *Felicidade autêntica*. 2. ed. Rio de Janeiro: Objetiva, 2019.

TED. Discovering beautiful old age. *TEDx São Paulo*, nov. 2017.Disponível em: <https://www.ted.com/talks/mirian_goldenberg_a_invencao_de_uma_bela_velhice>. Acesso em: 19 abr. de 2022.

TEDx. Tudo o que aprendi sobre felicidade, 2017, *TEDxPUCMinas*, set. 2020. Disponível em: <https://www.ted.com/talks/mirian_goldenberg_tudo_o_que_aprendi_sobre_a_felicidade>. Acesso em: 19 abr. de 2022.

17

A MORTE COMO POSSIBILIDADE DE VIDA

É fundamental repensarmos nosso olhar sobre a velhice e a morte. Somente quando entendermos que morrer faz parte da vida, valorizaremos o processo de envelhecer como etapa significativa da jornada, uma oportunidade não só de compartilhar leveza e sabedoria, mas também de fazermos as pazes com o passado, caso ainda não o tenhamos feito, e nos prepararmos para partir em paz.

SORAYA BORGES

Soraya Borges

Contatos
borges.soraya08@gmail.com
11 99935 9398

Graduada em Psicologia pela Universidade do Vale do Itajaí (1992). Especialista em Psicologia Analítica (2002), especialista em Farmacodependências pela Universidade Federal de São Paulo (UNIFESP), especialista em Psicologia Clínica e Antroposofia pela Faculdade de Ciências Médicas da Santa Casa de São Paulo (FCMSCSP - 2011). Atua como psicóloga clínica. Tem experiência nas áreas da Psicanálise, Psicologia Clínica e Saúde Mental.

Quando me lembro de uma boa velhice, logo brota na minha memória a imagem da minha avó paterna, Sra. Leontina. Guardo com carinho especial a recordação de uma tarde que passamos juntas em sua casa; ela estava com 78 anos. A cena ainda é nítida para mim, embora mais de 30 anos tenham se passado desde então.

Nós duas estávamos debruçadas na janela do seu quarto, que tinha uma linda vista para o mar, e ela dividiu comigo boa parte das suas tristezas, alegrias, amores e dissabores. Nunca havíamos tido um encontro como aquele. Com sua típica fala calma e um olhar compenetrado, talvez inspirado pela magnitude do oceano à nossa frente, ela fez um profundo mergulho em sua história. As palavras eram de uma mulher sábia, pois não havia em seu semblante qualquer desconforto ao relembrar as agruras e dores do passado, mas sim uma contagiante gratidão pela sua vida presente. Alguns anos depois, ela partiu; entretanto seus belos ensinamentos a perpetuam viva dentro de mim.

Creio que minha avó desfrutou da velhice como poucos que chegam nela conseguem fazer: com leveza e sabedoria. Com ela, aprendi que para viver bem é preciso ter a coragem e a vontade bem ancoradas. Contagiava a todos nós com sua leve maneira de encarar o envelhecer. As memórias que me saltam dela são de uma vida simples: ora cuidando do jardim, ora cozinhando e inventando receitas.

A admiração que carrego pela minha avó serve de inspiração para minha intenção nesta escrita: desconstruir o peso dado pela cultura contemporânea ao envelhecimento, quase sempre associado a uma experiência dura, penosa e árdua, relacionada à inatividade, doença e finitude. Um dos aspectos imprescindíveis que enxerguei na velhice dela foi sua serenidade a respeito da morte. Hoje, entendo que seus últimos degraus foram cheios de paz e sabedoria porque entendia que partir faz parte da vida.

Percebo que a maioria de nós não tem esse entendimento atualmente porque vivemos em uma sociedade materialista, que valoriza apenas quem produz.

Soraya Borges | 145

Enquanto os jovens são evidenciados como o futuro da nação, a sabedoria que nos mantém vivos como humanidade, fundamentada na existência dos idosos, é descartada e desvalorizada. Portanto, é crucial abordarmos os aspectos positivos da senilidade — como, claro, pode ser a leitura de todas as etapas da vida, independentemente da idade.

É preocupante a visão que temos sobre o papel dos velhos na sociedade atual. Há falta de preparo sobre essa questão, que considero de ordem social, pois a parcela dos idosos na população é crescente. Nas últimas décadas, acompanhamos aumento na expectativa de vida humana, o que eleva, assim, a preocupação com o bem-estar na velhice. Dados do Instituto Brasileiro de Geografia e Estatística (IBGE) mostram que o ritmo de envelhecimento da população brasileira está em crescimento. Em 2019, contávamos com 32,9 milhões de idosos (pessoas com 60 anos ou mais) no Brasil, o equivalente a 15,7% da população. A expectativa do instituto é que, em 2060, a parcela de pessoas com 65 anos ou mais chegue a um quarto (25,5%) da população do país.

Vivemos a buscar maneiras de aumentar nossa longevidade, porém, infelizmente não fazemos isso porque a velhice é valorizada, mas sim porque tememos morrer. Tiramos a morte do processo da vida de tal modo que falar a seu respeito é quase proibido. Quando falamos, é com pesar. Para a maioria das pessoas, o simples fato de pensar sobre a finitude da vida já causa mal-estar, pois fomos ensinados a negá-la. Todos sonhamos em viver 100 anos, mas que sejam de juventude.

Creio que a valorização da última etapa da vida deve ser estimulada na sociedade desde a infância para que possamos quebrar o paradigma negativo atual. Trata-se um trabalho de resgate, de voltar a honrar a sabedoria dos mais velhos, prática que cultivávamos em outros tempos, mas que o materialismo capitalista quebrou.

Na minha infância e adolescência, lembro que os velórios aconteciam na casa do próprio falecido. Ali chorávamos, ríamos, passávamos a noite com as pessoas mais próximas do ente querido, num ritual de despedida. Atualmente, na cultura ocidental, nem sequer falamos sobre a hora de partir, o que dirá fazer um rito de passagem para se despedir de quem se foi. Os velórios hoje são formalizados e cada vez mais curtos. Transferimos esse cuidado a agentes funerários e hospitais porque perdemos a capacidade de lidar com nosso próprio fim.

Entretanto jamais conseguiremos viver bem se negarmos a finitude, pois ela faz parte do ciclo da vida, como pontua o psicólogo James Hillman, na obra A força do caráter:

> A velhice não é acidental. É algo necessário à condição humana, pretendida pela alma. O envelhecimento está embutido na nossa fisiologia; porém, para a nossa perplexidade, a vida humana estende-se bem após a fertilidade, e dura mais do que a capacidade muscular e a acuidade sensorial. Por esse motivo precisamos de ideias criativas que possam embelezar a velhice e dirigir-se a ela com a inteligência que ela merece. (HILLMAN, 2001, p. 27)

Sabemos que o equilíbrio da existência está na integração dos polos vida e morte. A negação do processo natural de envelhecimento faz com que vivamos somente num desses polos. Permanecer apenas no lado da vida nos traz a luz, mas somente a presença dela pode nos cegar. Por outro lado, manter-se somente na polaridade da morte nos traz um caráter sombrio que, em excesso, pode nos fazer sucumbir. A junção dos dois polos opera no sentido do equilíbrio da existência.

Todas as fases da vida apresentam aspectos sombrios. A infância, por exemplo, é cheia de choros, risos e dores. A adolescência, por sua vez, é repleta de angústias, medos, solidão e tristeza. Porém, enquanto as dificuldades nessas primeiras etapas do viver recebem amplo apoio da sociedade, o cuidado com os idosos é negligenciado e tido como inútil.

O resultado desse cenário é contraditório: lutamos a vida inteira para alcançar a velhice, mas quando enfim a atingimos, ela é repudiada. Ao longo dos anos de juventude, nos empenhamos no autocuidado, em projetos para nos aposentarmos e finalmente termos tempo para viajar mais, curtir os esperados netos, fazer cursos. Porém, ao nos tornarmos idosos, é comum sentirmos peso, fardo e lamento. Muitos, sem projetos a realizar e deixados de escanteio pela sociedade, perdem o sentido do existir.

É fundamental repensarmos nosso olhar a respeito da velhice e da morte. Somente quando entendermos que morrer faz parte da vida, valorizaremos o processo de envelhecer como etapa significativa da jornada, uma oportunidade, inclusive, de fazermos as pazes com o nosso passado, caso ainda não o tenhamos feito, e nos prepararmos para partir em paz. A vida é uma experiência intensa e a aproximação da morte nos convida a enxergar nossa biografia com gratidão, a olhar para trás e sentir que a caminhada valeu a pena. Fazer isso traz grande conforto a todos nós.

O psicoterapeuta Fernando Genaro (2018) divide conosco em um artigo uma experiência clínica que revela os benefícios de se fazer essa reconciliação na velhice. Ele acompanhou um paciente que, aos 78 anos, pai de cinco filhos, já aposentado, foi encaminhado para avaliação psicológica pelo geriatra. O senhor apresentava, há quase quatro anos, alucinações auditivas sem causa orgânica. Fazia uso de remédios, sem melhora do quadro. Relatava, aflito, escutar incessantemente em seus ouvidos a música que ouvia quando fora coroinha na igreja, ainda criança. Embora soubesse que não se tratava de loucura, não tinha consciência de como o incontrolável desconforto brotara.

Após algumas sessões de psicoterapia, relatou que o medo da finitude da vida havia aflorado nele após um de seus filhos contratar um plano funerário para ele. Nesse momento, o senhor caiu em desespero e, para não entrar em contato com seu medo, criou um sintoma: o rádio que "tocava" sem parar em seus ouvidos. O senhor conseguiu "desligar" a música somente quando tomou consciência da necessidade de resolver pendências emocionais. Escreveu em cartas o quanto amava seus filhos, em tom de nostalgia e, ao mesmo tempo, de despedida da vida que tivera. Com esse ato, deu uma nova leitura à sua existência e seu fim.

Reflexões sobre o existir intensificadas pela proximidade da morte estão, inclusive, inseridas em uma ética universal que transcende a cultura. Ensinamentos inspiradores foram compartilhados por um homem hindu que já assistiu a 12 mil mortes, em entrevista realizada em 2016 pelo portal indiano Project Full, que coleta e publica lições de vida de pessoas de todo o mundo. O entrevistado, que trabalha em um local onde as pessoas se hospedam para morrer na cidade indiana de Varanasi, compartilhou o que aprendeu com aqueles que estavam morrendo, levantando algumas lições fundamentais para uma partida em paz, entre elas a importância de resolver todos os conflitos antes de partir. Segundo ele, isso traz leveza para o coração e libera a amargura de questões mal-resolvidas.

Em artigo sobre os idosos em nosso tempo, o doutor em filosofia Marcos Ferreira de Paula ressalta a sabedoria do filósofo Epicuro, segundo o qual é na velhice que encontramos o estágio humano que nos favorece olhar e dar os últimos arremates na obra que viemos construindo durante nossa existência. Segundo ele, no final, revisamos nosso propósito de vida e assinamos a obra:

148 | Envelhescência ativa e feliz

> Não é ao jovem que se deve considerar feliz e invejável, mas ao
> ancião que viveu uma bela vida. O jovem, na flor da juventude,
> é instável e é arrastado em todas as direções pela fortuna; pelo
> contrário, o velho ancorou na velhice como em um porto seguro
> e os bens que antes esperou cheio de ansiedade e de dúvida os
> possui agora cingidos com firme e agradecida lembrança.
> (EPICURO, 1973, p. 28, *apud* PAULA,2016, p. 267)

O filósofo e escritor romano Cícero reflete que os que não têm dentro de si recursos necessários para viver na felicidade acharão execráveis todas as idades da vida, porém os que sabem tirar de si próprios o essencial não poderiam julgar ruins as necessidades da natureza, envelhecer é uma delas. Para o filósofo, seremos sábios se seguirmos a natureza como um deus, curvando-nos às suas coerções. Para uma vivência mais plena, então, talvez devêssemos ter a sabedoria do bambu, aprendendo a nos curvar e nos flexibilizar para o que a vida nos apresenta, assim não "quebraríamos" – e "quebrar" simboliza o processo de adoecer física e mentalmente.

Não é preciso deixar-se morrer porque estamos velhos. A velhice não deve responder a nenhum modelo porque o mundo de hoje exige singularidades, como nos mostra Fernanda Montenegro, que, aos 91 anos, nos encanta com sua interpretação, sua arte. Ou Caetano Veloso, que, aos 79, nos inspira com suas composições. Há também o exemplo de Oscar Niemeyer, que se casou prestes a completar 99 anos e projetou até seus últimos anos, partindo aos 104. Não enxergamos a velhice e a finitude nessas personalidades que se mantiveram ativas, singulares e se responsabilizaram por suas escolhas.

Se carregamos o conhecimento e a virtude, estaremos munidos para viver a velhice, conforme Cícero. Nessa fase, prevalecem qualidades relacionadas à sabedoria, à perspicácia e à sagacidade, que podem ser fontes de grande aprendizado. Assim morreram Jung, Freud, Winnicott, Platão, produzindo conhecimento. Assim partiu meu jardineiro, cuidando das plantas, debruçando-se nas maravilhas que a mãe natureza nos proporciona. Assim nos deixou minha avó, cultivando a arte de fazer os mais belos pontos de crochê e o dom da culinária. A propósito, ela faleceu preparando um prato para o almoço em família. Colocou a carne na vinha d'alhos, foi até o banheiro e caiu. Sua chama se apagou aos 85 anos e até os últimos segundos esteve na vida intensamente e sem medo da morte, pois, para ela, morrer fazia parte da vida. Aceitou e acolheu sua própria natureza, e tornou-se sábia.

Soraya Borges | 149

Referências

CÍCERO, M. T. *Saber envelhecer e a amizade.* Porto Alegre: L&PM, 2011.

GENARO JUNIOR, F. A ética do cuidado na clínica do envelhecimento: diálogos entre a psicologia e a geriatria/gerontologia. In: ANTÚNEZ, A. E. A.; SAFRA, G. *Psicologia clínica: da graduação à pós-graduação.* Rio de Janeiro: Atheneu, 2018.

HILLMAN, J. *A força do caráter.* São Paulo: Objetiva, 2001.

PAULA, M. F. Os idosos do nosso tempo e a impossibilidade da sabedoria no capitalismo atual. *Serv. Soc. Soc.,* São Paulo, n. 126, p. 262-280, maio/ ago. 2016. Disponível em: <http://dx.doi.org/10.1590/0101-6628.068>. Acesso em: 15 out. de 2021.

PROJEÇÃO da População 2018: número de habitantes do país deve parar de crescer em 2047. *Agência IBGE Notícias*, 25 jul. 2018. Disponível em: <https://agenciadenoticias.ibge.gov.br/agencia-sala-de-imprensa/2013-agen-cia-de-noticias/releases/21837-projecao-da-populacao-2018-numero-de-ha-bitantes-do-pais-deve-parar-de-rescer-em-2047#:~:text=Em%202060%2C% 20o%20percentual%20da,%2C5%20milh%C3%B5es)%20em%202018>. Acesso em: 14 out. 2021.

SILVEIRA, D. Em 2019, país tinha 6 milhões de idosos a mais que crianças com até 9 anos, diz IBGE. *Portal G1*, 06 maio 2020. Disponível em: <https:// g1.globo.com/economia/noticia/2020/05/06/em-2019-pais-tinha-6-milho-es-de-idosos-a-mais-que-criancas-com-menos-de-9-anos-diz-ibge.ghtml>. Acesso em: 14 out. de 2021.

18

EU NÃO ESTOU FICANDO VELHO, ESTOU ME TORNANDO PARIS!

Dr. Tércio é médico há mais de 30 anos, com rica e extensa carreira como endocrinologista, especialista em emagrecimento, envelhecimento saudável e uso de células-tronco. Médico reconhecido no Brasil, na França e nos Estados Unidos, atua em diversas frentes e lugares no mundo, compartilhando o desejo de melhorar a qualidade de vida das pessoas. Sua história de vida revela detalhes emocionantes e inesquecíveis de uma trajetória que, além da medicina, inclui o amor de quem vive por ela.

TÉRCIO ROCHA

Tércio Rocha

Contatos
www.terciorocha.com
drterciorocha@gmail.com
Instagram: drterciorocha
Facebook: Tercio Rocha
          Clínica Tercio Rocha
21 99584 3189

Dr. Tércio Rocha é médico há mais de 30 anos. Ainda estudante, participou de pesquisas com células-tronco na Universidade Federal Fluminense (UFF). Endocrinologista e membro da Société Française de Mésothérapie e da Société Française de Médecine Esthétique. Membro fundador da Sociedade Brasileira de Medicina Estética, introdutor do Botox® e da mesoterapia no Brasil. Autor da tese de compulsão alimentar por hidratos de carbono e fundador e coordenador de diversos spas. Membro da American Academy of Anti-Aging Medicine (A4M) e maior casuística de aplicações de células-tronco em *full face*. Exerce endocrinologia de emagrecimento, *antiaging* e medicina regenerativa. É *head coach* da New Star Stem Cells Clinic, criador dos protocolos CB Factors, Retonificação Peniana e Cabelos Cheios com plasma rico em fibrinas (PRF) e fração estromal. Médico praticante e professor difusor da soroterapia para nutrição celular específica em Medicina Estética Regenerativa e implantes hormonais em Medicina Metabólica e Regenerativa. Fundador e coordenador do Mandala Sênior Living e Criador e sócio do Centro Internacional de Medicina Especializada (CIME) em Brasília, o maior condomínio hospitalar industrial da América Latina.

Onde quer que a arte da medicina seja amada, haverá também amor pela humanidade.
HIPÓCRATES

Estou num quarto de hotel em Brasília.

Acendo uma vela, coloco as duas mãos sobre o peito e faço a minha oração para Nossa Senhora das Graças:

— Eu vos saúdo, ó Maria, cheia de graça! Das vossas mãos voltadas para o mundo as graças chovem sobre nós. Nossa Senhora das Graças, vós sabeis quais as graças que são mais necessárias para nós. Mas eu vos peço, de maneira especial, que me concedas esta que vos peço com todo o fervor de minha alma.

Suspiro e acrescento:

— É tempo de passar o bastão, minha Nossa Senhora!

Meu avô sempre dizia que um dia essa hora ia chegar. Não basta passar o bastão; devemos passá-lo com elegância.

Sento-me numa poltrona e fico olhando a vela queimar.

Respiro fundo, fecho os olhos, lembrando de meu pai. É como se pudesse ouvi-lo dentro de mim:

— Preste atenção, filho. Você tem três problemas muito sérios. Primeiro, você é mulato. Segundo, você é feio. E terceiro, você é pobre!

Eu tinha apenas sete anos e a fala acima se tornou uma das maiores lições que recebi na vida. E posso dizer que estou indo muito bem, obrigado! Até porque a frase não parou ali.

Naquela época, eu era realmente bem menino e meu pai me trouxe grandes ensinamentos sobre a vida. Ele estava sendo honesto, dentro de tudo o que acreditava e da forma como foi criado. Naquele tempo, bem diferente dos dias atuais, dizia-se que, aos sete anos de idade, moleque deixava de ser anjo para virar homem. Meu pai já estava me educando para eu ser quem sou hoje.

E não é que deu certo?

Calma lá! Eu vou chegar ao momento exato dos três elogios.

Sou de uma geração, um tanto diferente dos jovens de agora.

Cresci no tempo que gente velha era considerada uma verdadeira enciclopédia ambulante. Não existiam internet, celulares e computadores. Com sorte, tínhamos bons livros e, quiçá, alguns bons em língua portuguesa.

Falo em voz alta comigo mesmo:

— Tá, tá, eu entendi, vou me explicar melhor.

Primeiro, eu preciso contar um pouco sobre a história dos meus avós e a influência que eles exerceram em minha vida.

Meu avô paterno não foi apenas um avô, mas um ídolo, um herói, em todos os sentidos que essa palavra pode denotar. Imagine que ele fugiu de casa aos sete anos de idade porque levou uma surra da madrasta por um motivo mais surpreendente do que a própria fuga.

Meu avô, que já era órfão de mãe, filho de açoriano, viu o pai se casar com uma nova esposa, um pouco limitada, culturalmente falando. Certo dia, ele, que adorava ver as estrelas, perguntou para a madrasta o que era aquela mancha na Lua que ele estava vendo. A mulher respondeu que se tratava de São Jorge matando o dragão.

— Quê?

Meu avô, já muito inteligente, disse que aquilo era impossível, pois São Jorge não poderia matar o dragão todos os dias no mesmo horário, ainda mais na mesma posição.

A mulher, irritadíssima, deu uma surra de tamanco em meu avô, o que ele considerou o bastante para sair de casa e ir fazer a vida por conta própria.

Consegue imaginar? Fugiu de casa aos sete anos de idade!

Os tempos realmente eram outros. Mas ok; se aparentemente parecemos piorar em alguns aspectos hoje, certamente melhoramos em outros. Gosto de acreditar que a vida está sempre melhorando. E, na verdade, está mesmo!

Meu avô, aquele menino ainda franzino, buscou refúgio num porto, perto de onde morava. Conseguiu guarida, trabalhando e dormindo num convés, onde podia continuar admirando as estrelas. Mas não era só o céu que lhe chamava a atenção. No fundo, ele queria mais conhecimento, saber e compreensão sobre as coisas da vida. Por isso, mesmo criança e numa situação bastante inusitada, ele começou a pagar sargentos com as poucas moedas que ganhava para que eles o ensinassem a escrever e fazer contas, pois só assim um dia poderia navegar. E navegou!

Dessa forma, conseguiu se educar, ainda que rudimentarmente. Mais tarde, aos 17 anos, se tornou um homem forte, másculo e com todo o atrevimento e ambição que lhe eram possíveis sentir e alimentar. Meu avô não se contentava com o pouco que tinha; parecia estar sempre buscando algo mais.

Um dia, trabalhando em um barco de pesca, ouviu falar sobre o exército, e que lá ele poderia fazer um curso para se tornar sargento. Ele teria cama, roupa e comida, além de poder aprender a escrever melhor. Era tudo o que ele jamais teve desde que se autoemancipou.

Se desde os sete ele teve que se virar para ter onde dormir e pagar pessoas mais velhas para lhe dar um mínimo de educação, agora ele teria muito mais do que já tinha conseguido até então. Não pensou duas vezes!

Foi para a Escola de Sargentos das Armas (ESA), na cidade de Três Corações, em Minas Gerais. Lá, ele compreendeu que aprenderia bem mais do que escrever e finalmente teria uma profissão de respeito e promissão.

Enfim, se tornou sargento e, mesmo naquela época, continuava curioso, sedento do saber. Forte e sarado como era, foi estudar Educação Física no exército, aprendeu vários esportes e se especializou em dar aulas. Mas logo veio a guerra.

Sim, meu avô foi para a guerra! Ele participou da invasão de Monte Castello, vindo a se tornar o reconhecido sargento Theonas da Rocha.

Para quem não sabe, a conhecida Batalha de Monte Castello aconteceu no final da Segunda Guerra Mundial, entre as tropas aliadas e o exército alemão, que trabalhava para conter o seu avanço no norte da Itália. E a Força Expedicionária Brasileira (FEB), marcou presença nesse conflito.

Encho o peito de orgulho e suspiro comigo mesmo:

— Meu avô, sargento Theonas da Rocha, estava lá!

A batalha arrastou-se por três meses, durante os quais aconteceram seis ataques, com alto número de baixas brasileiras, mas o meu avô voltou como um verdadeiro herói e foi condecorado por sua participação agressiva durante os ataques.

Se o cara fugiu de casa aos sete anos de idade porque não concordava com a morte do dragão por São Jorge todos os dias no mesmo horário e na mesma posição, imagine se ele ia concordar em ser morto num campo de guerra? Ele se tornou o próprio dragão depois da surra de tamanco, senhoras e senhores!

O tempo ruim da cultura organizacional da guerra era como estar em casa para o meu avô, um passeio motivante, exceto pelos amigos que viu morrer e o fato de antes ser loiro e cabeludo e ter se tornado careca: foi e voltou sem nenhum arranhão.

E assim foi a vida do meu avô por parte de pai. O familiar que ganhou um prêmio de guerra, dava aulas de navegação por estrelas, sabia geografia como poucos e achava que todo tipo de reclamação era frescura.

Uma única vez eu disse:

— Vô, estou com dor de cabeça!

Ele perguntou:

— Tá vivo?

— Tô!

— Então está tudo bem, meu filho. Na guerra o importante é estar vivo, o resto a gente vê depois!

Se de um lado eu tinha o pai do meu pai como um herói de guerra, porque fugiu de casa aos sete anos por culpa do Dragão de São Jorge, o pai da minha mãe não ficava para trás.

Eu desconfio até que o número sete tem algum significado na minha família.

Seu Arrão Soares da Rocha, filho de lavradores, também teve que sair de casa aos sete, mas não levou uma surra de tamanco nem teve que engolir a história do dragão. Seu pai, meu bisavô, teve 12 filhos. Começou a ganhar muito dinheiro como fazendeiro, com o plantio de café, produção de cachaça e criação de boi. Era muita coisa para cuidar e os filhos tinham que estar preparados.

Então, concluiu que para as crianças do sexo masculino havia uma boa opção: o instituto dos americanos, passando antes pelo Mackenzie.

Lá foi o meu avô, um menino de sete anos, da fazenda para o internato em São Paulo. E assim foi a infância do Seu Arrão: passava o ano inteiro no colégio e, durante as férias de julho e dezembro, ia para casa. Contava que no internato era um "salve-se quem puder". Mais tarde, foi estudar agronomia no Instituto Gamonn, em Lavras, Minas Gerais. Tornou-se um homem rude, que falava inglês fluentemente, além do francês e espanhol, como lambuja.

E, claro, quem passa por uma infância dessas e sai emocionalmente equilibrado é praticamente um sobrevivente de guerra.

E um salve para meus avôs!

Na mesma época, enquanto um avô estava na guerra, o outro estava fugindo das guerrilhas, ambos homens brutos, um mais culto do que o outro, mas na vida, efetivamente, os dois passaram pela mesma escola: a dureza da realidade.

Essa foi a minha percepção de menino e neto mais velho por parte dos homens. Enquanto o avô paterno, marujo e soldado de guerra, era um pouco mais rude, o materno, fazendeiro, agrônomo e político, era um pouco mais carinhoso. Do jeito dele, sabia dar mais atenção para as crianças.

Por sorte, eu cresci ao lado dele, aprendendo muito sobre a vida e aquela realidade na qual eles fizeram escola. Na região de Resende, no Rio de Janeiro, época pós-revolução, ele era de direita, um tanto quanto radical, homem de poucas palavras e sentenças duríssimas, coronel, forte. Vi coisas que, seu eu contasse, aqui, até arrepiariam! E eu juro pelo Dragão de São Jorge e pela Nossa Senhora dos Tamancos que é tudo verdade!

Três meses por ano foi o suficiente para eu compreender a força da minha ancestralidade. Todo ano eu passava as férias na fazenda, entre janeiro e março. E pensa que eu desejava outra coisa? Jamais!

Com tudo isso, chego finalmente à história do meu pai.

Filho do herói de guerra, marujo e sargento, é claro que ele se tornou um militar, mas não apenas por influência do sargento Theonas, mas também porque não havia muitas opções na época. Além disso, o dinheiro era curto. Meu pai foi para Campinas aos 15 anos e, aos 22, já era oficial do exército. Foi subindo de função, uma a uma, até se tornar general de brigada.

E saiba que, assim como meu avô, não é pouca coisa. Na hierarquia e funções do exército, há 18 cargos diferentes. A base da pirâmide são os soldados. Depois, pela ordem, vêm os cabos, sargentos, tenentes, capitães, majores, tenentes-coronéis, coronéis e os generais.

É assim:

1. Soldado
2. Taifeiro
3. Cabo
4. Terceiro-sargento
5. Segundo-sargento
6. Primeiro-sargento
7. Subtenente
8. Aspirante
9. Segundo-tenente
10. Primeiro-tenente
11. Capitão
12. Major
13. Tenente-coronel
14. Coronel
15. **General de brigada (aqui está meu pai!)**
16. General de divisão
17. General de exército
18. General de exército (escolhido pelo Presidente da República)

Se meu pai foi um homem duro? O que você acha? Ele foi criado por um marujo e herói de guerra!

Pai de três meninas, além de mim. Sabe o que ele me dizia?

— Olha, o dinheiro é curto, eu tenho muitas contas para pagar, o que sobrar é para as meninas, porque eu tenho que casar elas. Você se vira!

Preciso dizer quantos anos eu tinha? Suspiro e rio ao mesmo tempo: Sete! Exatamente!

E se você achou que foi muito o meu próprio pai me chamar de mulato, pobre e feio, saiba que de onde veio essa vieram muito mais!

Eu estudava numa escola pública chamada Rosa da Fonseca; na frente passava um trem todos os dias e chacoalhava a escola inteira. Eu pensava que um dia ia ter que submergir dos escombros do teto para sair vivo dali. Era ao lado da Escola de Aperfeiçoamento de Oficiais, a ESAO.

Um dia meu pai me chamou para almoçar na ESAO, com oficiais, e disse:

— Filho, eu tenho que levar um papo sério com você!

Nos sentamos para comer e ele disse:

— Sabe esse colégio que você estuda? Dali só sai lixeiro, limpador de rua e taxista, uma porcaria.

Eu fiquei sério, olhando para ele com a comida entalada na garganta. Ele continuou:

— Eu vou conseguir uns livros para você de um sargento de preparatória do exército, para você estudar e fazer provas para bolsista.

A comida até desceu, mas eu continuei mudo, calado e imóvel, pronto para receber mais uma lição:

— Se você não passar em primeiro lugar e conseguir 100% de bolsa, você vai continuar na escola pública!

Aquilo chegou como uma sentença de morte.

Como dizia meu avô:

— O importante na guerra é se manter vivo!

E eu não ia morrer!

E foi aí que veio o deboche, que naquela época nem era considerado *bullying* e o diabo a quatro; era só uma boa dose de realidade mesmo:

— Preste atenção, filho. Você tem três problemas muito sérios. Primeiro, você é mulato. Segundo, você é feio. E terceiro, você é pobre!

Eu engoli a lição, sem engasgar!

E pasmem: naquela época, nem se pensava em cirurgia plástica ou tratamentos estéticos para melhorar parte dos meus problemas.

158 | Envelhescência ativa e feliz

Então, meu pai continuou e me mostrou qual seria a luz no fim do túnel:

— Sua única arma é a inteligência. Ou você aposta em cultura e na sua inteligência para sobressair ou vai vender picolé da Kibon!

Eu até gostava de picolé, mas estava longe de querer ser um vendedor que passava nas ruas tocando uma buzina horrorosa para chamar a atenção das crianças. Naquela época, era o melhor marketing que existia.

Entendi a lição e fiquei em pânico!

Meu pai se aprofundou na explicação, dizendo que só tinha o Plano A. Era estudar e passar, sem outra opção.

Desde então, compreendi que para mim o alfabeto inteiro se tratava da letra A! Era eu e Deus! Com sorte, com os espíritos dos meus ancestrais me influenciando do lado de lá.

Por isso, me tornei um estudante profissional, o que me levou posteriormente a passar em medicina direto: passei no primeiro ano do ensino médio, depois no segundo e terceiro. Só não entrei na faculdade antes com um mandado de segurança porque ganhava dinheiro como aluno profissional, recebia para fazer prova e era um bom negócio.

Quando passei em medicina e entrei, vivo, fui para a federal como aluno bolsista.

— Ufa!

Sou grato aos meus avós, tanto o de guerra quanto o fazendeiro, porque foi graças à história de força deles que eu herdei a minha.

O meu avô materno sempre falava que a pior coisa do mundo era homem frouxo. E, em seguida, contava a história do pai dele, de quando ele começou a fazenda e perdeu o braço no moinho de cachaça. Diz a lenda que duas horas depois ele estava lá novamente, trabalhando com o outro braço. E dizia:

— O que você faz dói mais ou menos do que perder um braço?

Ninguém se atrevia a responder outra coisa, a não ser:

— Dói menos!

E ele concluía:

— Então segue em frente!

Com o tempo, eu ouvia o mesmo do meu pai:

— Já tem muito frouxo no mundo. Deus precisa de você pra ir além da dor e além do frouxo!

E a minha infância passou assim: fui criado por homens muito fortes e por mulheres rudes, mas que ainda assim entendiam de carinho. Minhas avós sabiam ser carinhosas.

Apesar de eu ter frequentado a igreja evangélica por boa parte da vida e ter tido um bisavô autodidata e espiritualista, que foi um dos fundadores do espiritismo no Brasil, até hoje eu rezo para a Nossa Senhora das Graças. Espiritualidade eclética.

Respiro profundamente e abro os olhos. Fico observando o queimar da vela e volto a pensar com meus botões e minha Nossa Senhora.

Foi por causa dos meus ancestrais que comecei a desejar ser médico, ainda que inconscientemente e com a clareza que tenho agora.

Eu amava meus avós e meus bisavós. Foi com eles que aprendi a gostar dos idosos e a pensar numa longevidade saudável, que naquela época não existia, e por isso começou a chamar minha atenção tão cedo.

Eu pensava e falava comigo mesmo:

— Como eu posso ajudar a superar a limitação da idade?

Todos repetiam na fazenda que os idosos iam enferrujando e eu queria justamente aprender a como não os enferrujar.

Antes dos meus bisavós morrerem, com 90 e poucos anos de idade, eu os vi enferrujar progressivamente, andando de bengala e sendo judiados pela vida.

A afirmação da época é que as pessoas tinham que aceitar a idade, mas eu queria saber como melhorar aquilo tudo.

Se meu avô não aceitou a morte do dragão todo dia na mesma hora e posição na superfície da Lua, por que eu deveria aceitar idosos enferrujando? Não!

Foi o amor às pessoas que mais amei na vida que me levou à medicina regenerativa e ao caminho do envelhecimento saudável, bem mais tarde.

Eu queria eternizar os meus avós. Mas infelizmente este plano não deu certo. Diante disso, quando adulto, comecei a desbravar o alfabeto inteiro, em busca de tudo o que eu pudesse fazer para outros idosos. E me encantei com a nutrição, endocrinologia, antioxidantes, células-tronco, reparação e regeneração do corpo de todas as formas possíveis.

E eu finalmente chego a minha parte da história.

Eu, o mulatinho pobre e feio, fui criado na fazenda com a parte da família de agrônomos e veterinários, embora hoje, comigo e com meu filho, já sejamos uma família de sete gerações de médicos.

Até os 16 anos, fui preparado para ser político e fazendeiro. Supostamente, herdaria as fazendas para perpetuar tudo o que meu avô e bisavô realizaram durante suas vidas. Cresci acreditando que administraria o campo. E eu era completamente apaixonado por aquela fazenda.

160 | Envelhescência ativa e feliz

Por sorte, ao mesmo tempo que eu sonhava com aquele futuro, na casa sede da fazenda havia um gabinete onde dois tios, um médico e outro dentista, atendiam os funcionários nos fins de semana.

Eu, ainda moleque, entrava e queria ajudar o tio médico. Ele me olhava e achava graça, já que eu era a única criança que queria estar ali. Brincar? Imagina! Eu tinha que estudar; tinha pavor da ideia de vender picolés, buzinando pelo bairro. O som daquela buzina era o maior incentivador dentro da minha cabeça.

Tudo o que caía na minha mão eu lia: desde as revistinhas *Seleções* até livros em francês, que tinham sido do meu trisavô, que se formou em medicina na França. Ele foi um dos primeiros médicos a afirmar que o alcoolismo era doença. Por esse motivo, teve o título de médico cassado pelo imperador, que era alcoólatra, mas meu trisavô conseguiu provar que estava certo. Mais tarde, ironicamente, morreu alcoólatra.

Eu comecei a aprender francês para ler os antigos livros do meu trisavô. Era tudo o que eu tinha, apesar de serem livros de mil oitocentos e bolinha. E isso foi em torno dos meus 13 anos de idade.

Então, o meu pior pesadelo aconteceu. Não cortaram o meu braço e eu não morri na guerra, mas doeu: meu avô, muito cansado, começou a desenvolver um câncer e decidiu vender a fazenda, minha maior paixão. Eu tinha 16 anos, e finalmente compreendi o que era um trauma.

Eu, que dizia que ia tomar conta da fazenda e triplicar o valor dela, decidi fugir igual a meu avô marujo, só que a minha fuga foi da realidade, aos 16 anos de idade. E eu fui longe.

Peguei o dinheiro que tinha guardado criando bois e cavalos e fui conhecer o mundo: Estados Unidos, Canadá e Europa.

Nos Estados Unidos, em Providence, Rhode Island, fiquei na casa de um tio, um renomado matemático, que fez parte de um projeto importantíssimo da Nasa, mas essa é outra história. Lá, tive a oportunidade de praticar esportes na Brown University, visitando as instalações do curso de medicina, locais de pesquisas e ambulatórios.

Em seguida, fui para o Canadá. Era 1976 e as Olímpiadas estavam para acontecer em Montreal. Durante um treino de natação, escutei a conversa de um técnico com um treinador:

— Como é a preparação dos atletas?

— Uma dieta balanceada é essencial para não agredir o corpo, regularização dos exercícios...

Eles falaram sobre uma teoria de antioxidantes que não entendi na hora, mas, posteriormente, fui pesquisar sobre o tema e os tais radicais livres.

Eu imediatamente pensei nos meus avós e achei que talvez aquela teoria pudesse ser aplicada aos idosos.

Depois dessa viagem, ainda traumatizado com a venda da fazenda, decidi ser médico. Se não ia mais administrar o lugar que era o meu preferido em todo o mundo, então ia descobrir uma forma de não deixar os idosos enferrujarem até a morte.

De cara, a endocrinologia me chamou a atenção. Eu já me sentia atraído e apaixonado pelo tema da obesidade e acreditava que o excesso de peso era uma doença quando diziam que não passava de sem-vergonhice. A conta não batia para mim. Foi quando eu comecei a cunhar minha tese sobre compulsão por hidratos de carbono, que se comprovou anos mais tarde, quando defendi a minha tese na Sociedade Brasileira de Psiquiatria.

Eu sabia que as pessoas não comiam por fome. Na época, o *bullying* era um rito social, mas eu tinha certeza de que havia uma dependência química por tráz daquela compulsão.

Ainda antes de defender a minha tese, fui para a Europa estudar e me aperfeiçoar. Em Londres, aos 24 anos de idade, fui trabalhar no que lá eles chamam de *farm*, pequenas fazendas que mais se parecem com uma espécie de asilo de idosos, dementes, depressivos, obesos e pessoas para as quais a sociedade não encontrava uma solução. Em palavras rudes: era um depósito de pessoas supostamente enfermas, mas não era bem assim.

Eu atuei clandestinamente como enfermeiro. Era um subemprego, já que meu diploma não era reconhecido no país, mas ainda assim tive uma das experiências mais significativas do início da minha carreira.

A *farm* tinha sofás de feltro, muitos tapetes espessos, vários idosos inertes com cobertores de lã, inchados e avermelhados.

— *What hell...?*

De cara, eu percebi que o problema era excesso de ácaro no ambiente, que provavelmente causava inflamação nos idosos e, consequentemente, eles estavam com o organismo lotado de corticosteroides.

Um idoso em especial me chamou a atenção: um senhor de origem judaica e que tinha sido banqueiro; naquele momento, seu banco era presidido pelo filho. *Mister* Robert, 79, estava numa cadeira de rodas, com uma coberta sobre as pernas. Eu me concentrei nele para entender seu problema e descobri que ele não tinha nada. Como o seu quarto era longe da sala, o colocaram na cadeira para sua comodidade e ele nunca mais andou: zona de conforto.

Aquilo gritou na minha cabeça e eu dei início a uma revolução dentro da *farm*: retirei os tapetes e cobertores, desliguei o aquecedor, tirei os idosos da sala e fiz com que eles andassem e praticassem atividades ao ar livre.

Como do lado da *farm* tinha um haras pequeno, de cerca de 30 mil metros quadrados, a apenas 180 metros dali, eu propus que todos caminhassem até lá para escovar os cavalos e argumentei que o cheiro faria bem a eles, bem como estar com os animais.

Eu virei uma excentricidade:

— *Look there, the crazy Brazilian doctor!*

Mas eu não me importei. Comecei a andar com os idosos até o haras, dava água para os cavalos com eles e convenci o gerente da *farm* a trocar o estofamento dos sofás, deixar as janelas abertas, mudar o material de limpeza e permitir ventilação nos quartos.

O resultado foi a diminuição do uso de corticosteroides e anti-inflamatórios. Inseri doses diárias de vitaminas C, D e E e chás naturais e o resultado foi a saúde deles melhorando visivelmente.

Robert ou Bob, como eu passei a chamá-lo, tinha pele de tipo 1, que é extremamente branca, enquanto eu, o mulatinho pobre e feio, era tipo 3. Daí, para o *bullying* se tornar europeu, foi um pulo:

— *Hey, gold slave, let's go for a walking!*

— *Hey, Bob! Your gold slave will become your gold dream!*

Eu me tornei escravo. Escravo, não! *The gold slave*, que é mais chique!

Um dia, voltando do haras com o Bob, vi dois veículos Rolls-Royce e um homem assustado, olhando em nossa direção.

Era o filho do Bob:

— *Dad, what are you doing?*

— *Hey, son, I brush the horses two times a day now, the funniest thing ever, thanks to my gold slave here.*

E apontou para mim. Bob também pescava num laguinho em frente à *farm*, o que mais gostava de fazer quando era jovem, motivado por mim, retomou esse hábito em sua rotina diária, mesmo quando todos pensavam que ele mal podia andar.

O filho ficou surpreso: achou que o pai não caminhava mais, já que não o via andar há cerca de dois anos, quando, na verdade, Bob só estava na lei do desuso.

Era contra tudo isso que eu queria trabalhar. Eu não salvei a vida dos meus avós, mas melhoraria a vida de muita gente, antes de passar o bastão.

Outra coisa que me chamava a atenção, já naquela época, era a idade de Londres e Paris. Essas cidades têm cerca de mil anos a mais do que o Rio de Janeiro, porém elas não parecem cidades velhas, mas sim antigas, enquanto o centro do Rio é novo, mas parece velho. Ou seja, se a gente cuida de um portão de ferro, ele não enferruja. Isso podia se aplicar aos idosos: eles têm que ser cuidados com antioxidantes. Bingo!

Hoje, a minha paixão pelo envelhecimento saudável veio a se tornar uma iniciativa médico-empresarial de hotéis para idosos, diferentes de lugares comuns, que colocam vários idosos em um único espaço. Nesses hotéis existem suítes individuais, onde o idoso é estimulado a viver. A *farm* e a vida que renasceu no Bob jamais saíram de dentro de mim. Só aumentaram de tamanho para acolher mais pessoas e dar mais vida a quem precisa e merece.

Quem fica na zona de conforto é cadeira e sofá; a vida é superar desafios como: preguiça, dor, fazer exercícios, deixar de comer algumas coisas etc.

Eu me envolvi com a terceira idade porque sei que há pessoas velhas de 39 anos de idade, bem como jovens de 82. É preciso saber envelhecer e dizer para as pessoas que a idade é algo mental e funcional, aquilo que se permite que o corpo se torne.

Somos e envelhecemos de acordo com o que decidimos ser. Atuais pesquisadores afirmam que vamos chegar aos 120 anos de idade com saúde e alegria.

Temos que pedir a Deus que saibamos nos ouvir antes que uma tragédia nos aconteça. Se a gente entende o que faz bem, trata da alimentação e se cuida diariamente, nunca seremos velhos, mas seremos como o centro de Paris: antigos.

Foi a partir dessas memórias vívidas que eu comecei a montar um projeto de referência hospitalar para ser construído em Brasília, pois é inadmissível, a meu ver, que o centro de nosso país não tenha um hospital à altura do que se tem na cidade de São Paulo, e assim acaba-se utilizando a ponte aérea para todo caso grave e emergência.

Esse projeto é um centro integrado internacional de medicina especializada, que acaba de ser aceito na capital, já com contrato assinado pelo governador e tudo o mais.

O centro integrado inclui quatro grandes marcas americanas de hospitais com uma infraestrutura gigante e medicina considerada de primeira em todo o mundo.

Temos 14 das melhores clínicas internas ranqueadas pelos Estados Unidos, como: oncologia, cardiologia, pneumologia, dentre outras. É o Projeto Longevidade Saudável, trazendo saúde para todos.

— Ahhhhh.

Eu me espreguiço na cadeira e vejo que a vela está quase inteira queimada.

— Pois é, minha Nossa Senhora.

Penso de novo comigo mesmo.

O garoto criado no subúrbio do Rio de Janeiro para ser caboclo à beira do Rio Pirapitinga está aqui agora, pronto para passar o bastão.

Posso sentir o meu avô ao meu lado, me dizendo baixinho:

— Deus pune enriquecendo as pessoas, meu filho. Tem que saber para que serve o dinheiro, para fazer bem aos que estão acerca de nós.

Respiro profundamente e falo com o restinho de vela:

— Acho que estou orgulhoso, minha Nossa Senhora! Eu posso?

Seu pequeno mulato, pobre e feio conseguiu trazer para a capital do país a maior obra depois da própria construção de Brasília. Um projeto de 5,7 bilhões de reais, com dois hotéis, centro de convenções para 8 mil pessoas, anfiteatro para 1.500, farmácia, num espaço de 300 mil metros quadrados.

Já dizia meu avô:

— A vida é uma corrida de bastão, e nós temos que saber passar o bastão com elegância!

Durante toda a minha vida eu entendi que o importante não é apenas como você corre com o bastão, mas também como você colabora e o passa adiante para quem vem depois.

Quando eu criei o Grupo Integrado de Medicina Regenerativa na Bahia, no início deste ano, junto a um grupo de primeiríssima, ensinei todos os protocolos de células-tronco que criei e disse:

— Eu fiz um bolo de coco e agora compartilho com *chefs* franceses que vão aperfeiçoar a minha receita!

Isso é passar o bastão com elegância. Saber que eu não fui o primeiro e não serei o último. O objetivo da vida é passar o conhecimento além, com humildade, sendo mulato, pobre, feio, *gold slave* ou médico; estamos todos a favor da vida.

— Obrigado, minha Nossa Senhora, por onde eu cheguei.

De onde meus avós estiverem, que eles possam sentir orgulho.

— E, se um dia eu sucumbir, manda um *gold slave* para mim!

Embora eu não ache que estou ficando velho... estou apenas me tornando Paris!

Eu me levanto e assopro a chama. Sigo para a cama e vou dormir.

Suspiro:

— Amanhã é um novo dia!

E todo dia se mata um dragão, mas meu avô tinha razão: nunca é o mesmo dragão, nem na mesma posição, nem no mesmo horário!

— Boa noite, minha Nossa Senhora!

19

É POSSÍVEL VIVER COM SAÚDE, ALEGRIA E QUALIDADE DE VIDA NA VELHICE (MELHOR IDADE)?

Neste capítulo, convido o leitor a refletir sobre uma possível mudança de paradigma no que se refere ao papel do idoso na nossa sociedade. Mostro que há possibilidades para os idosos viverem saudáveis e felizes até idades bem avançadas, focalizando principalmente a importância da autoaceitação e das relações interpessoais saudáveis. Essas possibilidades de uma vida mais feliz estão diretamente relacionadas a hábitos de vida saudáveis e à conscientização da grande influência que nossa mente exerce sobre nosso destino, nosso caminhar na vida que levamos aqui na Terra.

TERESA CRISTINA

Teresa Cristina

Contatos
www.circuluzespacoterapeutico.com
tcryz2014@gmail.com
Instagram: @circuluzespacoterapeutico
34 99961 2425

Médica graduada pela Universidade Federal do Triângulo Mineiro (UFTM) (Uberaba - MG, 1995), com residência médica em Clínica Médica (também pela UFTM, 1997), e especialização em Homeopatia (Sociedade Médica de Uberlândia - MG, 2001), e em Medicina Integrativa (UNIUBE - Uberlândia - MG, 2018). Instrutora de Tai Chi Chuan, formada pela Sociedade Brasileira de Tai Chi Chuan estilo Yang, em São Paulo - SP, em 2010. Terapeuta de florais de Bach e de Saint Germain desde 2012. Terapeuta de Emotional Freedom Techniques (EFT), formada em 2015 pelo Centro de Treinamento Oficial de Gary Craig & Sônia Novinsky. Formada em PPC *Coaching*, pela Sociedade Brasileira de Coaching (SP, 2015). Seu diferencial é sua paixão pela profissão de médica, o que se traduz na sua disponibilidade para buscar o melhor caminho para a resolução dos problemas de saúde dos seus pacientes. Coautora dos livros: *Vida em equilíbrio, Coletânea Literare* e *Passou, e agora?*

Introdução

Quando pensamos no processo de envelhecimento, nos vêm à mente questões negativas como doenças, tristeza, abandono, demência, dores no corpo etc. Mas será que esse quadro não poderia ser diferente?

Você já parou para pensar que nossa sociedade poderia ser mais saudável e que a maioria dos idosos acima de 65 anos poderia ter uma vida feliz, sem dores, com uma boa saúde, sem o uso de remédios, praticando atividades físicas sem limitações? Enfim, uma sociedade em que a maioria dos idosos fosse saudável e com uma vida ativa?

Pois eu, como médica integrativa, afirmo que isso é perfeitamente possível! Mas, para isso, seria necessária uma mudança de paradigmas. Essa mudança precisaria ocorrer, a princípio, na mente das pessoas.

1. Na mente dos profissionais de saúde, que poderiam olhar o processo saúde-doença de uma forma diferente, para buscar o equilíbrio metabólico do organismo, entendendo que, quando tomamos medidas para fortalecer as funções celulares e os órgãos internos, fortalecer a imunidade e integrar todos os setores do organismo (pois todos os nossos órgãos e sistemas estão interconectados), estamos proporcionando mais saúde física, mental e emocional para nossos pacientes.

2. Na mente da sociedade em geral, à medida que passem a entender que nascemos para buscar uma vida feliz em todos os sentidos, principalmente pelo equilíbrio físico, mental, emocional e espiritual. E que, para atingirmos esse equilíbrio, é necessário darmos atenção a vários aspectos da vida:

• Buscar uma alimentação o mais saudável possível, com alimentos vindos da natureza, de preferência sem conservantes, aditivos químicos ou agrotóxicos.
• Praticar atividade física regular, pois nossos músculos e nervos precisam de movimento para se manterem saudáveis. A atividade física libera endorfinas, que são muito importantes para nosso bom humor. Nossos pulmões

e sistema cardiovascular necessitam que pratiquemos exercícios físicos para manterem-se ativos e saudáveis.

• Cultivar o amor-próprio de forma saudável, pois somente somos amados por outras pessoas quando aprendemos a nos amar e respeitar de verdade. Isso é muito importante para nosso equilíbrio emocional.

• Viver em harmonia com as pessoas ao nosso redor. Muitas vezes não é fácil seguir certas regras de convivência, afinal de contas, existem muitas pessoas neste mundo, cada uma com uma forma diferente de pensar. Mas os desentendimentos sérios e brigas podem levar a situações de estresse crônico, relacionado com sentimentos de raiva, ódio, rancor, mágoas. Isso tudo, com o tempo, se não for resolvido no nível emocional, gera processos bioquímicos degenerativos no nosso organismo, gerando doenças crônico-degenerativas.

• Viver com fé em algo superior que rege nossa vida.

Aspectos do envelhecimento saudável

Nos últimos 30 a 40 anos, houve um rápido crescimento nas pesquisas sobre envelhecimento bem-sucedido (BALTES; BALTES, 1990; BUTT; BASER, 1987; ROWE; KAHN, 1987), principalmente em razão da importância que tem sido conferida ao tema "envelhecimento" pelos diversos setores da sociedade.

Esses estudos têm buscado entender os fatores e condições que ajudam a entender os potenciais dos idosos, e assim identificar maneiras de modificar a atual natureza do envelhecimento humano.

Uma das dimensões mais investigadas do envelhecimento humano está relacionada à questão da satisfação com a vida (LARSON, 1978), sendo elaborado e investigado o conceito sobre satisfação de vida em termos de bem-estar psicológico, bem-estar subjetivo, moral elevado, saúde mental e felicidade.

Ryff (1989) apresenta uma abordagem alternativa sobre o processo de envelhecimento bem-sucedido, reforçando seis critérios para essa avaliação: autoaceitação, relações positivas com outros, autonomia, domínio ambiental, propósitos na vida e crescimento pessoal.

Considero que todos esses critérios são importantes, mas neste texto vou focar principalmente na autoaceitação e na relação interpessoal, pois considero estas questões essenciais para se construir uma vida com maior qualidade no período que cada um de nós viverá aqui no planeta Terra, e poder trazer sua contribuição para a sociedade e o meio ambiente, de acordo com os talentos de cada um.

Autoaceitação e envelhecimento saudável

A vida adulta é caracterizada por ser um período de muitas responsabilidades: com a família, o trabalho e a responsabilidade consigo mesmo para mantermos nosso papel na sociedade da melhor forma possível. É um período em que precisamos nos conectar com nossa missão de vida, e assim exercermos uma profissão, levando nossa contribuição para a sociedade.

Quando atingimos a velhice, em regra, nos aproximamos do momento de parar ou reduzir essa nossa contribuição à sociedade, por meio da aposentadoria. Nesse momento, se não programarmos um plano "B" para nossa vida, corremos o risco de desenvolver conflitos emocionais relacionados com o fato de não nos sentirmos mais úteis para a sociedade e as pessoas do nosso convívio pessoal.

Erikson *et al.* (1986) afirmam que:

> A velhice é necessariamente um tempo de abdicação – de desistir de velhas amizades, de velhos papéis, de trabalho anterior que foi significativo, e até de bens ou objetos que pertencem a um estágio de vida anterior e que são agora um impedimento à flexibilidade e à liberdade, que parecem ser requisitos à adaptação aos desafios desconhecidos que caracterizam o estágio final da vida.

Essas mudanças podem gerar uma baixa autoestima nas fases mais avançadas da vida, levando à não aceitação de si próprio com a nova realidade de vida gerada após a aposentadoria. Isso pode ocasionar ansiedade e tristeza, muitas vezes levando a quadros depressivos, em vários graus.

O que fazer então para evitar todos esses conflitos? Como continuar a ter paz de espírito, alegria no coração e uma boa saúde após os 65 anos de idade? Para responder a essas questões, vou falar primeiro sobre as crenças.

Crenças são noções sobre a realidade, formadas individualmente ou transmitidas pela cultura, que organizam as percepções e avaliações das situações, especialmente em circunstâncias ambíguas.

Segundo Bandura (1986), um funcionamento competente do indivíduo na interação com o ambiente não é só uma questão de saber o que fazer, mas também envolve crenças sobre a autoeficácia. A crença de autoeficácia é definida como o julgamento do indivíduo de suas capacidades de organizar e executar cursos de ação necessários para obter determinados tipos de desempenho. Não diz respeito às habilidades da pessoa, mas aos julgamentos do que ela pode fazer com as habilidades que possui.

Sendo assim, pode-se concluir que as pessoas tendem a agir de acordo com as crenças que desenvolvem, durante a vida, sobre sua própria capacidade de realizar certas tarefas. Além disso, também se conclui que as ações resultantes das crenças de cada indivíduo sobre seu próprio desempenho não são necessariamente a única possibilidade de ação desses indivíduos.

Isso ocorre porque, na verdade, nossa mente tem muito mais poder e capacidades do que muitas vezes imaginamos.

Vincent Peale (2015), no livro *O poder do pensamento positivo*, relata que, por meio de técnicas espirituais simples, utilizando frases para enaltecer o poder de Deus sobre nossa vida, podemos chegar a ter uma vida feliz e gratificante.

Rodrigues (2015), no livro *O poder da mente*, fala sobre a hipnoterapia, a qual utiliza a autossugestão e técnicas de programação neurolinguística para ajudar pessoas a se libertarem de bloqueios emocionais e crenças limitantes. Ele diz que há duas atitudes das pessoas diante dos problemas da vida: uma é enxergar-se pequeno, incapaz, fraco; outra é sentir-se forte, podendo observar o problema de cima para baixo, e não de baixo para cima.

Observamos que muitas pessoas têm tendência a dar importância excessiva aos desacertos e pouca importância aos acertos. Quem é pessimista costuma sempre esperar que o pior aconteça, e muitas vezes é uma pessoa que desanima facilmente diante das dificuldades da vida, sentindo-se fraco e derrotado.

Outro problema que está diretamente relacionado à baixa autoestima, levando à não aceitação de si próprio, é o sentimento de culpa. De acordo com Martin (2014), no livro *Quatro passos para o perdão,* perdoar a si mesmo beneficiará outros, à medida que você se torna um pai melhor, um amigo mais atencioso, um ouvinte melhor, uma pessoa mais tolerante e assim por diante. A culpa é útil somente quando nos leva a fazer as pazes por alguma coisa ruim que fizemos e nos encoraja a mudar o nosso comportamento. A culpa não é útil se ela só nos amarra à auto-obsessão e autoculpa em longo prazo e não resulta em nenhuma mudança positiva.

Nós, seres humanos, somos todos passíveis de erros. A vida aqui na Terra é um aprendizado; portanto o mais importante é reconhecermos nossos erros e seguirmos em frente, agradecendo ao Universo pela oportunidade de um novo recomeço em busca da paz e felicidade.

Diante de tudo o que falei sobre a autoaceitação, podemos concluir que é importante:

1. Cultivar o altruísmo, que está relacionado a manter sempre o pensamento positivo diante de qualquer situação da vida, por mais difícil que possa

parecer. Isso é muito importante para conseguirmos superar os problemas e nos mantermos com paz no coração.

2. Descobrir quais suas crenças limitantes e trabalhar a mente para transformá-las em oportunidades de crescimento, pelo reconhecimento de suas próprias potencialidades. Para isso, pode ser necessário buscar a ajuda de um profissional, por exemplo, um *coach* de qualidade de vida ou um psicólogo que trabalhe com terapia cognitivo-comportamental. Muitos tipos de terapia que trabalham com o autoconhecimento ajudam nessa questão das crenças limitantes.

3. Trabalhar o autoperdão. Para isso, também pode ser necessária a ajuda de um terapeuta.

Relação interpessoal e envelhecimento saudável

O ser humano é, por sua natureza, um ser sociável. Cada pessoa tem uma história de vida: há aqueles que conseguem um bom casamento, outros passam por várias experiências de casamento durante a vida, outros não constituem família; uns têm família grande, outros têm famílias com poucas pessoas; alguns têm filhos, outros não; outros ainda não têm filhos, mas têm sobrinhos ou enteados e assim por diante. Há vários padrões de relacionamento em nossa sociedade.

Conforme os anos vão passando, as pessoas têm a tendência de se preocupar mais com seu futuro e como será seu padrão de relacionamento na velhice, tanto em relação à família quanto aos amigos. Essas preocupações podem gerar ansiedade e medo em relação ao futuro.

Então, o que fazer para viver uma vida mais tranquila, com um mínimo de ansiedade e de medo do futuro, independentemente do seu padrão de relacionamentos?

Vivemos atualmente rodeados por agentes estressores no nosso mundo. Na organização da sociedade, em praticamente todas as partes do nosso planeta Terra, há muita competitividade na corrida pelo próprio sucesso. Sendo assim, considero muito importante que todos busquemos estratégias para conseguirmos levar uma existência mais equilibrada e harmoniosa.

Embora o estresse seja definido e medido em muitas pesquisas, ora como estímulo, ora como resposta, a definição adotada por Lazarus e Folkman (1984) coloca o estresse como um relacionamento particular entre o indivíduo e o ambiente, que é avaliado pelo próprio indivíduo como sobrecarregando ou excedendo seus recursos e colocando seu bem-estar em perigo.

O aspecto social da capacidade de adaptação tem sido estudado por pesquisadores do estresse. O funcionamento social é frequentemente conceituado, sob uma perspectiva sociológica, como as maneiras pelas quais os indivíduos preenchem seus vários papéis: pais, esposos, profissionais e membros da comunidade (LATACK; HAVLOVIC, 1992).

O funcionamento social é também, algumas vezes, conceitualizado sob uma perspectiva psicológica, como a satisfação com o relacionamento interpessoal ou em termos de habilidades sociais. Erikson (1953) enfatiza a aquisição de uma identidade psicossocial, o que depende da aquisição de um lugar no mundo e no trabalho, no relacionamento com os outros e com as instituições sociais. Na velhice, o envolvimento social é visto por esse autor como tema essencial, mas toma formas diversas em termos de atividade, indo desde uma participação ativa até uma participação afetiva nas atividades de outrem (ERIKSON *et al.*, 1986).

Portanto, vemos como é importante o papel social do idoso, no sentido de que ele se sinta acolhido e aceito pelas pessoas do seu convívio e pelo meio em que vive. Para que isso ocorra da melhor forma, é necessária a conscientização das pessoas próximas ao idoso, como os membros de sua família, amigos, vizinhos.

Quando somos afortunados com a oportunidade de uma vida longa, chegando também à velhice, temos a possibilidade de viver bem e felizes. Isso é perfeitamente possível, e eu o afirmo por ser uma profissional médica integrativa. A velhice não é sinônimo de doença.

Atualmente, com os estudos da epigenética, sabemos que o código genético não é determinante da ocorrência das doenças a que o indivíduo tem maior tendência. Na verdade, se durante toda nossa vida tivermos consciência da importância dos cuidados com nosso corpo físico, mental, emocional e espiritual, por meio de uma alimentação saudável, atividades físicas regulares, meditação diária, boa convivência com as pessoas ao redor e a busca de um bom humor e alegria no coração, podemos perfeitamente manter uma boa saúde e boa qualidade de vida, mesmo em idades avançadas.

Referências

BALTES, P. B.; BALTES, M. M. Seletive optimization with compensation. *Successful aging: perspectives from the behavioral sciences.* New York: Cambridge University Press, 1990.

BANDURA, A. *Social foundations of thought and action.* Englewood Cliffs, NJ: Prentice Hall, 1986.

BUTT, D. S.; BASER, M. Successful aging: a theme for international psychology. *Psychology and Aging,* v. 2, n. 1, pp. 87-94, 1987.

ERIKSON, E. H. *Childhood and society.* New York: Norton, 1953.

ERIKSON, E. H.; ERIKSON, J. M.; KIVNICK, H. Q. *Vital involvement in old age.* New York: Norton, 1986.

LARSON, R. Thirty years of research on the subjective well being of older americans. *Journal of Gerontology,* v. 33, n. 1, pp. 109-125, 1978.

LATACK, J. C.; HAVLOVIC, S. J. Coping with job stress: aconceptual evaluation framework for coping measures. *Journal of Organizational Behavior,* v. 13, n. 5, pp. 479-508, 1992.

LAZARUS, R. S.; FOLKMAN, S. *Stress, appraisal and coping.* New York: Springer, 1984.

MARTIN, W. F. *Quatro passos para o perdão: uma forma poderosa de liberdade, felicidade e sucesso.* Global Forgiveness Initiative, 2014.

PEALE, N. V. *O poder do pensamento positivo.* São Paulo: Cultrix, 2015.

RODRIGUES, R. B. *O poder da mente.* Joinville: Clube de Autores, 2015.

ROWE, J. W.; KAHN, R. L. Human aging: usual and successful. *Science,* v. 237, pp. 143-149, 1987.

RYFF, C. D. Beyond Ponce de Leon and life satisfaction: new directions in quest of successful aging. *International Journal of Behavioral Development,* v. 12, n. 1, pp. 35-55, 1989.